日本版司法取引の実務と展望

米国等の事情に学ぶ
捜査協力型司法取引の新潮流

市川雅士・土岐俊太・山口祥太

現代人文社

◎はしがき──本書の目的

　本書は、司法取引のうち「捜査協力型司法取引」と呼ばれるものに焦点を当てて、米国及びいくつかの外国における司法取引事情を紹介するとともに、米国等における事情を物差しとして日本の協議・合意制度を巡る議論を整理しようとするものである。

　本書の執筆者3名は企業法務を主な業務とする弁護士であるが、裁判員裁判事件を含む刑事事件にも積極的に取り組んできた。いわば、刑事実務家の置かれた状況や立場も比較的よく理解した企業法務実務家といった立場にある。かかる立場にある我々が本書を執筆しようと考えた動機は、主に次の2点にある。

＊

　第1に、米国等の外国における司法取引事情を整理した文献で、日本の協議・合意制度について考える際に役に立つものが少ないことである。

　日本の協議・合意制度は、捜査協力型の司法取引として設計され、かつ、企業犯罪（ホワイトカラー犯罪）を中心として列挙された特定の犯罪のみを対象としている。もちろん企業犯罪以外の組織犯罪も対象犯罪に含まれるが、2018年7月に報道された協議・合意制度の第1号案件が企業による外国公務員贈賄事件、11月に報道された第2号案件が企業による不正会計事件であったことが示すように、企業犯罪が協議・合意制度の適用対象の重要な部分を占めることは疑う余地がない。したがって、外国の事情と比較検討する際にも、主に企業犯罪の事案を想定した捜査協力型司法取引に関する情報がどうしても必要になる。しかし、ごく一部の企業法務実務家向けの文献を除き、こうした内容に焦点を当てて外国の司法取引事情を紹介した文献はほとんど存在しないように見受けられる。

唯一、宇川春彦検察官による不世出の論文「司法取引を考える」[*1]は、企業犯罪に特に焦点を当てたものではないが、捕捉している事項の幅が十分すぎるほどに広く、記述の信頼性も高いため、現在でも十分参照に値する。しかしながら、1997年に発表されてからすでに20年以上が経過し、2000年代以降の事情がカバーされていない等、さすがに記述の古さが目に付くようになっている。「司法取引を考える」に比肩する論文はそうやすやすと生まれるものではないが、そろそろ2000年代以降の事情、特に企業訴追に関する一連の動向をもカバーした文献が必要であることは明らかであり、本書が部分的にでもその役割を担うことができればと願っている。

第2に、日本の協議・合意制度を巡る刑事法の分野における議論が混乱し、その結果、企業法務実務家が実務上参考にすることのできる文献が少ないことである。

東京大学の白石忠志教授は、法律学における理論と実践の役割分担について次のように表現されている。

　　具体的な基準を確立して個別の案件に白黒をつける作業は、サッカーのFW（フォワード）がゴールを決めるのに似ている。得点がなければ、試合には勝てない。FWは、サッカー選手の花形である。行政実務、裁判実務、立法実務、予防法務の実務、取引実務など、様々なタイプのFWがいる。

　　しかし、チーム内がFWばかりでは、ゴールは生み出せない。シュートしやすいような絶妙のパスが、MF（ミッドフィールダー）から供給される必要がある。「あのあたりにボールが行けば、FWはゴールを決めやすいのではないか」という思いをこめて、MFはパスを出す。（中略）

　　試合には、FWが必要であり、MFも必要である。その後方には、頼もしい守備陣による支えが不可欠である。それぞれの間に厳格な壁は不要だ

[*1]　判例時報1583号（1997年）から1627号（1998年）にかけて、17回に分けて断続的に連載された。

が、ある程度の役割分担は求められる。そして、プレイヤーの質は、目の肥えた観客によって高められる。[*2]

　これを協議・合意制度に引き直していえば、対象犯罪が企業犯罪を中心として構成されている以上、当面は企業法務実務家がFWを務める機会が多くなると思われる。MFは、刑事法分野の研究者・実務家である。FWである企業法務実務家は、理論面の適切な支えとなり、様々な気付きを与えてくれるMFからの「絶妙のパス」を心待ちにしている。

　ところが、FWである企業法務実務家の立場から言えば、残念ながら、これまでのところ期待したようなMFからのパスはほとんどなかったように思う。そして、その原因を考えてみると、本書で詳しく述べるように、刑事法の研究者や刑事実務家が想定している捜査協力型司法取引と、企業法務実務家が想定している捜査協力型司法取引は、どうやら別物であるように思えてならない。これではMFからFWへパスが通るはずもない。本書は、「こういう点を突いたパスをもっと出して欲しい。」というFWからMFへのメッセージである。

*

　本書は、第1部から第5部までの5部構成となっている。

　第1部では、本書における第2部以降の検討・分析の基礎となる概念を整理する。日本で「捜査協力型司法取引」と呼ばれている司法取引には、特徴の異なる2種類の司法取引があることを中心に解説する。

　第2部では、近年の米国における司法取引事情を検討する。主に、1990年代後半以降、ホワイトカラー犯罪に対処するために、司法取引を通じて企業の捜査協力を促す仕組みが誕生し、発展していく流れを追う。

　第3部では、米国以外の主要国における近年の司法取引事情を検討する。米国で誕生した新しいタイプの捜査協力型司法取引の手法が、米国以外の国でも相次いで採用され、世界的に拡散していく流れを追う。

　第4部では、日本の協議・合意制度について検討する。第1部から第3部ま

---

*2　白石忠志『独禁法講義〔第8版〕』（有斐閣、2018年）232〜233頁。

でで検討した内容を踏まえて、日本の協議・合意制度の運用上の留意点や問題点について検討を試みる。

　最後の第5部では、協議・合意制度の適用事例について概観し、協議・合意制度の将来を簡単に展望する。

＊

　執筆者間の大まかな役割分担は次のとおりである。

　米国以外の国の事情に関するパート（第3部）は、企業不祥事案件にも積極的に取り組んでいる新進気鋭の山口祥太弁護士に担当いただいた。

　日本の協議・合意制度に関するパート（第4部）は、裁判員裁判事件で逆転無罪判決を勝ち取る等、日本の刑事裁判に関する豊富な知見を有する土岐俊太弁護士に担当いただいた。

　その他のパート（第1部、第2部および第5部）と全般的な記述の調整は、市川が担当した。もっとも、各パートの内容は互いに交錯している部分も多く、上記の分担は大まかな区分に過ぎないことをお断りしておく。内容に至らない点があれば、全般的な記述の調整を担当した市川が最終的に責を負う。また、本書における記述は、執筆者の個人的な見解であり、各執筆者の所属する法律事務所の見解ではないことをお断りしておく。

＊

　本書の作成に当たっては多くの方々にご支援をいただいた。柴田勝之弁護士、村上理都子弁護士、小田輝弁護士、塩見拓人弁護士には、本書の草稿に対し多数の重要なご指摘をいただいた。また、成澤壽信様をはじめとする現代人文社の皆様には、企画段階から本書の完成まで様々な形で多大なご支援をいただいた。皆様に重ねてお礼申し上げたい。

2019年4月

著者を代表して
市川雅士

日本版司法取引の実務と展望
米国等の事情に学ぶ捜査協力型司法取引の新潮流

目次

はしがき──本書の目的…………ii

第1部 司法取引に関する概念の整理
──司法取引を読み解く道しるべ

第1章 協議・合意制度の施行
──「日本版司法取引」の新設…………3
1 協議・合意制度導入の背景…………3
 (1) 制度導入の経緯…………3
 (2) 従前の議論との関係…………5
2 協議・合意制度の概要…………6
 (1) 協議・合意制度の整理…………6
 (2) 検察庁の運用方針…………7
 (3) 裁判所規則の改正…………8
3 協議・合意制度の第1号案件への反応…………9
 (1) 協議・合意制度の第1号案件…………9
 (2) 協議・合意制度の第1号案件に対する反応…………10

第2章 2種類の捜査協力型司法取引…………11
1 「自己負罪型」「捜査協力型」という分類…………11
2 新しいタイプの捜査協力型司法取引…………13
3 現代的司法取引の沿革…………15
 (1) 米国における自主申告を促す仕組みの誕生…………15
 (2) 米国における自主申告を促す仕組みの拡大…………15
 (3) 米国における現代的司法取引の利用状況…………17
 (4) 米国以外の国への現代的司法取引の広がり…………19
4 古典的司法取引と現代的司法取引の違い…………24
 (1) 標的…………25
 (2) 協力者…………25

⑶　標準的な協力の時期…………26
　⑷　主な協力の内容…………27
　⑸　主な恩典の内容…………27
　⑹　巻込みの危険…………28

第3章　「司法取引」の境界の画定…………33
　1　本書における「司法取引」の定義…………33
　2　いわゆる闇取引の扱い…………34
　3　裁判所の関与の有無…………34
　4　リニエンシー制度の扱い…………35

第2部　現代的司法取引の誕生と発展
──経済事犯に見る米国の司法取引

第1章　米国の刑事司法制度の基礎…………43
　1　連邦法と州法の関係…………43
　2　コモン・ローと制定法の関係…………44
　3　軽罪と重罪…………45
　4　法人の刑事責任…………47
　5　司法取引の位置付け…………48
　6　量刑ガイドライン…………51
　⑴　量刑改革法の制定…………51
　⑵　量刑ガイドラインの拘束力── Booker 判決…………52
　⑶　量刑ガイドラインによる刑の決定…………53

第2章　米国の司法取引の歴史…………59
　1　黎明期…………59
　2　企業の訴追協力を促す仕組みの誕生──リニエンシー制度…………64
　3　企業の捜査協力を促す仕組みの定着──「企業訴追の諸原則」…71
　⑴　ホワイトカラー犯罪との戦いの本格化…………71
　⑵　「企業訴追の諸原則」の策定──ホルダー・メモ…………73
　⑶　第3の選択肢（DPA）の必要性──アーサー・アンダーセン事件…75
　⑷　拡大する捜査協力に対する揺り戻し──トンプソン・メモ以降…………77

4 企業の捜査協力を促す仕組みの発展
　　──FCPAパイロット・プログラム…………81
　⑴　3つの合意を使い分ける仕組みの確立…………81
　⑵　「FCPAに対する法執行の新時代」の到来…………82
　⑶　個人の責任と企業の捜査協力の関係──イエイツ・メモ以降…………83

第3章　司法取引の手続の流れ①
　　──捜査機関への発覚前に自主申告する場合…………90

1 標準的な手続の流れ…………90

2 社内調査…………90
　⑴　弁護士およびフォレンジック業者の起用…………91
　⑵　文書等の収集…………91
　⑶　従業員のインタビューとアップジョン警告…………92
　⑷　従業員の弁護士費用の扱い…………92

3 Proffer（協議）…………93

4 Agreement（合意）…………94
　⑴　PA(Plea Agreement)…………94
　⑵　DPA(Deferred Prosecution Agreement)…………95
　⑶　NPA(Non-Prosecution Agreement)…………95
　⑷　企業の対応方針と標準的な合意内容…………96

5 合意の履行…………97

第4章　司法取引の手続の流れ②
　　──捜査開始後に捜査協力する場合…………98

1 標準的な手続の流れ…………98

2 捜査の端緒…………99

3 サピーナ（Subpoena）…………99

4 起訴（Indictment）…………100

5 答弁取引の交渉（Plea Bargaining）…………101

6 公判（Trial）…………101

7 量刑手続（Sentencing）…………101

第3部 現代的司法取引の世界的な拡散
——米国以外の主要国の動向

第1章 現代的司法取引の国際的な広がり……………105
1 国際的な広がりの概況…………105
2 国際的な広がりの背景…………106

第2章 英国のDPA…………108
1 制度導入の背景…………108
(1) ホワイトカラー犯罪への対処の必要性…………108
(2) 法人の刑事責任モデルの欠陥に伴う必要性…………109
2 制度の内容…………111
(1) 概要…………111
(2) DPAの当事者…………111
(3) DPAの対象犯罪…………111
(4) DPAの内容…………112
(5) DPAに対する裁判官の承認…………112
(6) DPAで定められた事項の不履行…………113
3 事例紹介…………114
(1) 第1号案件…………114
(2) 第2号案件…………116
(3) 第3号案件…………117
(4) 第4号案件…………118
(5) 小括…………119

第3章 フランスのDPA…………121
1 制度導入の背景…………121
2 制度の内容…………122
(1) 概要…………122
(2) CJIPの当事者…………122
(3) CJIPの対象犯罪…………122
(4) CJIPの内容…………122
(5) CJIPに対する裁判官の承認…………123
(6) CJIPで定められた事項の不履行…………124

3　事例紹介⋯⋯⋯⋯124
 ⑴　第1号案件⋯⋯⋯⋯124
 ⑵　第2号案件⋯⋯⋯⋯126
 ⑶　第3号案件⋯⋯⋯⋯127

第4章　カナダのDPA⋯⋯⋯⋯128
1　制度導入の背景⋯⋯⋯⋯128
2　制度の内容⋯⋯⋯⋯128
 ⑴　概要⋯⋯⋯⋯128
 ⑵　Remediation Agreementの当事者⋯⋯⋯⋯129
 ⑶　Remediation Agreementの対象犯罪⋯⋯⋯⋯129
 ⑷　Remediation Agreementの内容⋯⋯⋯⋯130
 ⑸　Remediation Agreementに対する裁判所の承認⋯⋯⋯⋯130
 ⑹　Remediation Agreementで定められた事項の不履行⋯⋯⋯⋯131

第5章　シンガポールのDPA⋯⋯⋯⋯133
1　制度導入の背景⋯⋯⋯⋯133
2　制度の内容⋯⋯⋯⋯133
 ⑴　概要⋯⋯⋯⋯133
 ⑵　DPAの当事者⋯⋯⋯⋯134
 ⑶　DPAの対象犯罪⋯⋯⋯⋯134
 ⑷　DPAの内容⋯⋯⋯⋯134
 ⑸　DPAに対する裁判所の承認⋯⋯⋯⋯135
 ⑹　DPAで定められた事項の不履行⋯⋯⋯⋯136

第6章　オーストラリアのDPA⋯⋯⋯⋯137
1　制度導入検討の背景⋯⋯⋯⋯137
2　制度の内容⋯⋯⋯⋯138
 ⑴　概要⋯⋯⋯⋯138
 ⑵　DPAの当事者⋯⋯⋯⋯138
 ⑶　DPAの対象犯罪⋯⋯⋯⋯138
 ⑷　DPAの内容⋯⋯⋯⋯139
 ⑸　DPAに対する第三者の承認⋯⋯⋯⋯140
 ⑹　DPAで定められた事項の不履行⋯⋯⋯⋯140

第7章　小括　5カ国のDPA制度に共通する要素 ……………142

第4部　日本の協議・合意制度の検討
──米国等の司法取引事情を踏まえて

第1章　協議・合意制度の利用形態 ……………149

第2章　古典的司法取引として用いる場合 ……………151
　1　想定される典型的な事例 …………151
　2　協力者（X）の弁護人から見た場合 …………152
　　⑴　協力者の弁護人の役割 …………152
　　⑵　協議開始の申入れはどちらから行うか …………153
　　⑶　協議の主体 …………154
　　⑷　対象となる犯罪 …………159
　　⑸　協議を行う際の考慮要素 …………161
　　⑹　合意の効果 …………167
　　⑺　合意の終了 …………171
　3　標的（Y）の弁護人から見た場合 …………176
　　⑴　標的の弁護人の役割 …………176
　　⑵　合意がなされた事実の把握 …………176
　　⑶　公判段階 …………176
　　⑷　検察官の合意違反があった場合の対応 …………180
　　⑸　共犯者との関係 …………181

第3章　現代的司法取引として用いる場合 ……………182
　1　想定される典型的な事例 …………182
　2　協力者（X社）の弁護人から見た場合 …………183
　　⑴　協力者の弁護人の役割 …………183
　　⑵　社内調査 …………185
　　⑶　社内調査の結果を踏まえた検討 …………190
　　⑷　対象となる犯罪 …………191
　　⑸　協議開始の申入れ …………193
　　⑹　合意の内容 …………194
　　⑺　合意の効果・終了 …………196

3 標的（事業部長Y）の弁護人から見た場合…………196
　⑴　標的の弁護人の役割…………196
　⑵　合意がなされた事実の把握…………197
　⑶　公判段階…………197

第5部　日本版司法取引の展望
──協議・合意制度はどこへ向かうか

第1章　第1号案件…………201
　1　第1号案件の概要…………201
　2　第1号案件の概観…………202
　⑴　問題の所在…………202
　⑵　企業による自主申告・捜査協力を促すものであったか…………203
　⑶　捜査協力以外の行動は不要であったか…………204

第2章　第2号案件…………206
　1　第2号案件の概要…………206
　2　第2号案件の概観…………207
　⑴　問題の所在…………207
　⑵　合意の当事者として企業ではなく個人を選択することの是非……207
　⑶　合意の公正性の担保は十分か…………208

第3章　協議・合意制度の今後の展望…………209
　⑴　DPAに近い運用は可能なのか…………209
　⑵　裁判所による監督は不要なのか…………209
　⑶　合意事項の制約は厳しすぎないか…………210
　⑷　背信的な協力者への加重制裁は十分か…………210

著者プロフィール…………211

第1部
司法取引に関する概念の整理
―――司法取引を読み解く道しるべ

第1部では、米国等における司法取引事情について具体的に見ていく前に、本書における検討・分析の基礎となる概念を整理しておきたい。

　米国等における司法取引事情を虚心坦懐に観察すると、日本で「捜査協力型司法取引」という言葉で呼ばれている司法取引の中には、実はそれぞれ特徴の異なる２種類の司法取引が混在していることに気付く。これら２種類の捜査協力型司法取引を区別しないまま議論を行うと、論者によって想定している司法取引の内容が異なってしまい、お互いに議論がかみ合わない結果となる。

　この点に限らず、日本では司法取引を忌避する傾向が長年続いたためか、司法取引に関する概念整理が十分に行われてこなかったように見受けられる。その結果、司法取引を巡る日本における議論の現状は、関連する情報だけは氾濫しているが、指針となる道しるべのないままに議論が行われている状況にあるように思われる。

　こうした問題意識から、第１部では、この後の米国等における司法取引事情に関する検討・分析から得られるエッセンスも一部先取りして、氾濫する司法取引に関する情報の中で道に迷ってしまうことのないよう、検討・分析の道しるべとなる概念の整理を試みる。

第1章

協議・合意制度の施行

「日本版司法取引」の新設

1　協議・合意制度導入の背景

(1)　制度導入の経緯

　通称「日本版司法取引」とも呼ばれる協議・合意制度は、2016年5月24日に成立した刑事訴訟法等の一部を改正する法律（平成28年法律第54号）によって創設され、2018年6月1日に施行された。協議・合意制度は、対象犯罪を組織的な犯罪等に限定しているとはいえ、それまで日本に存在しなかった一般的な司法取引制度であり、その導入を契機として司法取引に関する議論がにわかに活発になった。

　協議・合意制度が導入された経緯は次のようなものであった。

　2010年10月、厚生労働省元局長無罪事件における大阪地検特捜部の不祥事等の一連の事態を受けて、検察の在り方について検討するために、法務大臣の下に「検察の在り方検討会議」が設置され、2011年3月31日付で、同会議が取りまとめた「検察の再生に向けて」と題する提言が発表された。この提言は、「取調べ及び供述調書に過度に依存した捜査・公判の在り方を抜本的に見直し、制度としての取調べの可視化を含む新たな刑事司法制度を構築するため、直ちに、国民の声と関係機関を含む専門家の知見とを反映しつつ十分な検討を行う場を設け、検討を開始するべきである。」と述べ、新たな刑事司法制度の構築に向けた検討を開始する必要性を強調した。ただし、この提言には、司法取引制度の導入に関する具体的な記載はない。

　上記の提言を受けて、2011年5月28日付で、法務大臣から、法制審議会に対し、「近年の刑事手続をめぐる諸事情に鑑み、時代に即した新たな刑事司法

制度を構築するため、取調べ及び供述調書に過度に依存した捜査・公判の在り方の見直しや、被疑者の取調べ状況を録音・録画の方法により記録する制度の導入など、刑事の実体法及び手続法の整備の在り方について、御意見を承りたい。」とする諮問第92号が発せられた。諮問を受けて、2011年6月6日に開催された法制審議会第165回会議で、諮問について調査・審議するために「新時代の刑事司法制度特別部会」（以下「特別部会」という。）の設置が決定された。

新たな捜査手法としての司法取引・刑事免責の導入については、2011年7月28日に開催された特別部会の第2回会議から審議が始まっている。その後、2013年1月29日に開催された特別部会の第19回会議で取りまとめられた「時代に即した新たな刑事司法制度の基本構想」では、今後進めていくべき具体的な方策の検討の内容として、「取調べへの過度の依存を改めて、適正で多様な手続を通じ、より容易に供述証拠が収集され、公判廷にも顕出されるようにするための新たな制度」として、「刑の減免制度[*1]」、「協議・合意制度」および「刑事免責制度[*2]」の導入について検討することとされた。

その後、2014年7月9日に開催された特別部会の第30回会議で、法務大臣に対する答申案が採択され、法務大臣に対し、「新たな刑事司法制度の構築についての調査審議の結果」として答申された。答申では、最終的に「刑の減免制度」の導入は見送られ、「捜査・公判協力型協議・合意制度」と「刑事免責制度」についてのみ導入が提言された。

その後、答申に基づき法案の立案作業が行われ、国会での審議を経て、2016年5月24日に可決・成立した刑事訴訟法等の一部を改正する法律（平成28年法律第54号）によって、現行の「協議・合意制度」および「刑事免責制度」が導入されるに至った。

なお、国会審議の過程で、①合意をするかどうか判断するに際して、検察官は「関係する犯罪の関連性の程度」を考慮すべきことを明記するとともに、②当事者に異議がなくとも、検察官が被疑者・被告人と弁護人抜きの二者で協議

---

*1　「刑の減免制度」は、「協議・合意制度」と異なり、被疑者・被告人による自己または他人の犯罪事実に関する捜査・訴追への協力について実体法上の刑の減免を認める制度のことである。

*2　「刑事免責制度」は、検察官と弁護人の間の取引を前提としない一方的な証言強制制度である。

を行うことはできないこととする、という内容の修正が加えられた。

⑵　従前の議論との関係

「協議・合意制度」および「刑事免責制度」を導入するに当たっては、過去の判例との整合性が問題となる。

まず、検察官の約束を信じてなされた自白については、「被疑者が、起訴不起訴の決定権をもつ検察官の、自白をすれば起訴猶予にする旨のことばを信じ、起訴猶予になることを期待してした自白は、任意性に疑いがあるものとして、証拠能力を欠くものと解するのが相当である。」とした判例（最二判昭和41・7・1刑集20巻6号537頁）がある。協議・合意制度の導入に当たっては、この判例との整合性が問題となった。

この判例による判示は、いわゆる約束による自白は類型的に虚偽供述のおそれが高いものであるという考え方に基づくものと理解されている。そこで、協議・合意制度は、虚偽供述のおそれを低減させるための制度的措置を講じることによって、協議・合意制度の結果得られた供述は、類型的に虚偽供述のおそれが高いとはいえないとして、上記判例との抵触を回避しようとしている。[*3]協議・合意制度を巡る立法過程の議論が、虚偽供述（ひいてはその結果生じる第三者の巻込み）の危険をいかにして低減させるかという点に集中しているのは、刑事司法制度の見直しの契機となった一連の不祥事による影響もあるだろうが、上記判例との整合性を意識した結果という面も強いと考えられる。

また、刑事免責制度については、「この制度は、前記のような合目的的な制度として機能する反面、犯罪に関係のある者の利害に直接関係し、刑事手続上重要な事項に影響を及ぼす制度であるところからすれば、これを採用するかどうかは、これを必要とする事情の有無、公正な刑事手続の観点からの当否、国民の法感情からみて公正感に合致するかどうかなどの事情を慎重に考慮して決定されるべきものであり、これを採用するのであれば、その対象範囲、手続要件、効果等を明文をもって規定すべきものと解される。」とした判例（最大判

───────────────

＊3　吉田雅之『一問一答 平成28年刑事訴訟法等改正』（商事法務、2018年）63～64頁。

第1章　協議・合意制度の施行──「日本版司法取引」の新設　　5

平成7・2・22刑集49巻2号1頁）がある。

　刑事免責制度を導入するに際して、その対象範囲、手続および効果等が明文で規定されたのは上記判例を前提とすれば当然の対応である。なお、刑事免責制度と共通する機能を有する司法取引制度（協議・合意制度）についても、刑事免責制度と同じく「刑事手続上重要な事項に影響を及ぼす制度である」と考えられ、上記判例の趣旨からすれば、その対象範囲、手続および効果等が明文で規定されたのは必然的な対応であったと言えよう。

2　協議・合意制度の概要

⑴　協議・合意制度の整理

　協議・合意制度は、検察官と被疑者・被告人の間で、①被疑者・被告人が他人の刑事事件について協力することと、②検察官が、協力した被疑者・被告人の刑事事件について有利な取扱いをすることを内容とする合意をすることを認める制度である。以下、上記①にいう「他人の刑事事件」のことを「標的事件」、当該他人のことを「標的」、上記②にいう「協力した被疑者・被告人の刑事事件」のことを「合意事件」、協力する被疑者・被告人のことを「協力者」という。

　協議・合意制度の概要を整理すると次のようになる。

1.協議・合意制度は、司法取引のうち、いわゆる「捜査協力型」と呼ばれるものだけを対象にしている。自らの刑事責任を認めるのと引換えに量刑上有利な取扱いをすることを合意するという「自己負罪型」の取引は対象とされていない。
2.協議・合意制度を適用するためには、標的事件と合意事件のいずれも、「特定犯罪」という限定列挙された罪名にかかる事件でなければならない。特定犯罪は、ホワイトカラー犯罪（企業犯罪）または組織犯罪に該当するものを中心として構成されている。
3.協力者が合意できる行為は、①捜査機関の取調べに対して真実の供述をすること、②証人として尋問を受ける場合に真実の供述をすること、③捜査機関

の証拠の収集に関し、証拠の提出その他必要な協力をすることの3つに限定されており、法律で一定の枠が定められている。[*4]

4.検察官が合意できる行為は、①公訴を提起しないこと、②公訴を取り消すこと、③特定訴因および罰条により公訴を提起し、またはこれを維持すること、④特定の訴因若しくは罰条の追加若しくは撤回又は特定の訴因若しくは罰条への変更を請求すること、⑤論告・求刑において、被告人に特定の刑を科すべき旨の意見を述べること、⑥即決裁判手続の申立てをすること、⑦略式命令の請求をすることの7つに限定され、身体拘束の解除等、上記に含まれない行為を合意することはできないとされている。

5.合意には弁護人の同意が必要とされている。[*5]

6.合意に向けた協議は、原則として、検察官、被疑者・被告人および弁護人の三者間で行われる。[*6]被疑者・被告人と弁護人の双方に異議がないときは、協議を検察官と弁護人の二者間で行うことができる。ただし、協議を検察官と被疑者・被告人のみで行うことはできない。

7.合意の履行により得られた証拠が標的事件で取り調べられる場合、合意書面の証拠調べにより、合意によって証拠が得られたことが裁判所に明らかにされる。

8.合意の当事者は、相手方が合意事項に違反した場合、合意から離脱できる。[*7]

(2) 検察庁の運用方針

　検察庁内では、最高検察庁が、2018年3月19日付で「合意制度の当面の運用に関する検察の考え方」を取りまとめ、依命通達として発している。[*8]この通達そのものは公表されていないが、概要は公表されている。[*9]

＊4　刑事訴訟法350条の2第1項1号。
＊5　刑事訴訟法350条の2第1項2号。
＊6　刑事訴訟法350条の4。
＊7　刑事訴訟法350条の10。
＊8　最高検刑第13号。
＊9　最高検察庁新制度準備室「合意制度の当面の運用に関する検察の考え方」法律のひろば2018年4月号48頁。なお、依命通達の内容の一部は、上記記事には含まれていないことに注意が必要である。

通達は、協議・合意制度を適用する事案の選定基準について、「合意制度を利用するためには、本人の事件についての処分の軽減等をしてもなお、他人の刑事事件の捜査・公判への協力を得ることについて国民の理解を得られる場合でなければならない。基本的には、従来の捜査手法では同様の成果を得ることが困難な場合において、協議の開始を検討することとする。」として、国民の理解が得られる必要があることを強調し、協議・合意制度の運用には慎重な姿勢で臨む方針を示している。また、検察官が合意をするか否かの判断に当たっては、協議における協力者の供述について裏付け捜査を行い、合意をした場合に協力者が行う協力行為により得られる証拠（供述等）の重要性や信用性、協力者が合意を真摯に履行する意思を有しているかなどを見極めることとされている。

　処分の軽減については、「合意制度を利用する事案においては、本人の協力行為が事案の真相解明に寄与し得ることに加え、本人に捜査協力を促す政策的必要性が認められ得ることから、事案によっては、本人の事件について処分等を大幅に軽減することも柔軟に検討する。」として、柔軟な運用を示唆している。反面、「処分の軽減等の内容は協力行為の重要性に応じて定められるべきものであるから、本人及び弁護人に一たび提示した処分の軽減等の内容は、基本的には、その後の本人及び弁護人との交渉で譲歩すべきではない。」として、処分内容に関する交渉には慎重な姿勢を示している。

(3)　裁判所規則の改正

　協議・合意制度の施行に伴い、刑事訴訟規則についても若干の改正がなされている[10]。もっとも、改正の内容としては、略式命令請求時に合意内容書面を合わせて提出すべきことや、刑事免責制度を適用した際にその旨を公判調書に記載すべきこと等を定めるだけの、もっぱら形式的なものに過ぎない。そのような制度設計がなされた以上は仕方のないことではあるが、協議・合意制度における裁判所の役割の程度を象徴しているように見える。

＊10　刑事訴訟規則等の一部を改正する規則（平成30年最高裁判所規則第1号）。

3 協議・合意制度の第 1 号案件への反応

　制度の概要は以上であるが、協議・合意制度については2018年 7 月に第 1 号事案が生じたとの報道がなされた。

(1) 協議・合意制度の第 1 号案件

　協議・合意制度の第 1 号案件は、外国公務員贈賄（不正競争防止法違反）の事件で、企業を協力者とし、その従業員を標的とする事例で最初の適用がなされたものである。協力者となった企業によるプレスリリース等によれば、この事案は次のようなものであった。

　協力者となった企業は、発電所の建設工事等を請け負う事業を行う日本の会社であり、タイで請け負っていた火力発電所の建設工事を進めていた。ところが、2015年 2 月、同社の下請業者が建設現場近くの桟橋に資材を荷揚げしようとしたところ、地元港湾当局の関係者とみられる者らに桟橋を封鎖されて資材の荷揚げができなくなり[*11]、2000万バーツ（約6800万円）の支払を要求された。資材の荷揚げが遅れた場合、発電所の建設遅延が発生し、会社に多額の遅延損害金等の支払義務が生じると見込まれたことから、かかる事態を回避するために、2000万バーツを下請業者に渡した。同社は、この2000万バーツが実際に現地の公務員等に交付されたかまでは確認していないという。

　2015年 3 月に、社内の内部通報で上記金銭の支払に関する疑惑が発覚し、外部の法律事務所を起用して、関係者へのヒアリングや関係資料の収集等の社内調査が行われた。その結果、法令違反があると判断され、2015年 6 月頃、同社から東京地方検察庁にその旨の申告がなされた。当時はまだ協議・合意制度が施行されていなかったが、同社は、その後約 3 年間にわたり、東京地方検察庁による捜査に協力したところ、2018年 6 月、「地検から司法取引〔注：協

＊11　形式的には、下請業者が桟橋の使用許可を適切に取得していなかったことが理由とされていたようである。

議・合意制度のこと〕を打診され、『弊社〔注：同社〕が応じるか否かに関係なく、容疑者 3 人の処分は変わらないと言われたので応じた』」という。[*12]

⑵　協議・合意制度の第 1 号案件に対する反応

　協議・合意制度の第 1 号案件が報じられると、特に刑事法分野の研究者・実務家から、様々な批判が噴出した。代表的なものを並べると、企業が従業員を検察官に売り渡し、企業側はお咎め無しというのは、「巨悪を摘発するために末端の刑事責任を免除するという、司法取引の理念に反する。」「とかげの尻尾切りである。」「日本の企業文化からすると違和感がある。」といったものがある。

　他方、企業法務実務家からは、第 1 号案件に対する驚きの声はさほど聞かれなかった。このようなギャップはなぜ生じるのか。このギャップを説明することが本書の主目的の一つであり、その説明のためには「捜査協力型」の司法取引について詳しく分析していく必要がある。

---

*12　伊藤歩「日本版司法取引の危うい幕開け」週刊東洋経済2018年 8 月11-18日号121頁。

第2章

2種類の捜査協力型司法取引

1 「自己負罪型」「捜査協力型」という分類

　宇川春彦検察官による論文「司法取引を考える」(以下「宇川論文」という。)は、米国の司法取引事情を網羅的に検討・分析した不世出の論文である。現在の日本における議論であたかも所与の前提とされている「自己負罪型司法取引」「捜査協力型司法取引」という区分も、元をたどれば宇川論文における下記の記述が起源であるとみられる。

　　〔先述した司法取引の定義における〕「訴追協力」には、被告人自身に対する訴追に協力する場合(つまり事実を認めること)と、共犯者その他の第三者の訴追に協力する場合の双方を含む趣旨である。したがって、①被告人の有罪答弁とひきかえに、検察官が、訴因の縮小・一部撤回、求刑の引き下げ等の譲歩をする場合だけでなく、②有罪答弁プラス証言・捜査協力を条件に、そのような措置を行うことも司法取引である。それだけでなく、③証言や捜査協力の見返りに不起訴を約束する場合(いったん行った公訴を全部取り消す場合も含む)も、同じく検察官の訴追裁量権の行使であって、右②における対価の極端な場合にすぎないから、両当事者の合意によって行われる場合には、これもまた司法取引として考察することにする。

　　右①は、純粋型(あるいは自己負罪型)の答弁取引、②は、捜査協力型

第2章　2種類の捜査協力型司法取引　　11

答弁取引、③は免責型司法取引とそれぞれ呼ぶことができよう。[*13]

　宇川論文における上記の記述では、「司法取引」という言葉ではなく「答弁取引」という言葉を用いるとともに、「免責型司法取引」という概念に言及しているが、これらの言葉の使い分けについてはここではひとまず措く。ここで確認しておくべき点は、「自己負罪型司法取引」および「捜査協力型司法取引」という概念は、「右①は、純粋型（あるいは自己負罪型）の答弁取引、②は、捜査協力型答弁取引……とそれぞれ呼ぶことができよう。」という記述が示すように、おそらくは宇川論文が説明の便宜のために創出した日本独自の分類概念であるということである。

　刑事裁判手続における取引について説明した英語の文献では、捜査に協力した者が不起訴等の恩典を受けるような取引は、例えば"Navigating the Cooperation Process in a Federal White Collar Criminal Investigation"[*14]といったように、「cooperation process」とか「cooperation agreement」といった言葉を用いて説明されているが、これらの言葉は「捜査協力型司法取引」という日本語の言葉と完全に同じ意味であるとは言いがたい。筆者が知る限り、「自己負罪型司法取引」「捜査協力型司法取引」という日本語にきれいに対応する英語の言葉はおそらく存在しないと思われる。

　誤解のないように強調しておくと、ここでは、「自己負罪型司法取引」「捜査協力型司法取引」という、宇川論文が創出したとみられる分類概念が不適切であると言いたいわけではない。「自己負罪型司法取引」「捜査協力型司法取引」という分類自体は頭の整理に有用なものであり、日本における司法取引を巡る議論を牽引する役割を果たしてきた。ただ、これらの分類概念は、その内容と範囲が予め明確に画定されたものではなく、「捜査協力型司法取引」という言葉を持ち出せば、後はその内容について説明する必要はないといった類のもの

＊13　宇川春彦「司法取引を考える(1)」判例時報1583号（1997年）40頁。
＊14　https://www.maglaw.com/publications/articles/2017-04-20-navigating-the-cooperation-process-in-a-federal-white-collar-criminal-investigation/_res/id=Attachments/index=0/Navigating%20the%20Cooperation%20Process%20in%20a%20Federal%20White%20Collar%20Criminal%20In....pdf

ではない。^{*15}

2 新しいタイプの捜査協力型司法取引

宇川論文が発表されたのは1997年のことであるが、米国では1999年頃以降、ホワイトカラー犯罪に対処するための捜査手法の発展によって、伝統的な捜査協力型司法取引とは異なる新しいタイプの捜査協力型司法取引が確立し、その重要性を増してきた。米国で発生したこの新しいタイプの捜査協力型司法取引は、外国公務員贈賄等のホワイトカラー犯罪に対処する上で有用な捜査手法と認められ、他の主要国にも広がっていくことになる（第3部参照）。

この新しいタイプの捜査協力型司法取引は、伝統的な捜査協力型司法取引とは異なる様々な特徴を有している。日本の協議・合意制度も含め、捜査協力型司法取引について論じようとするのであれば、これら2種類の異なるタイプの捜査協力型司法取引を区別した上で議論する必要がある。

では、伝統的な捜査協力型司法取引と、新しいタイプの捜査協力型司法取引は、それぞれどのようなものであろうか。

まず、捜査協力型司法取引と聞いて日本の刑事法の研究者や刑事実務家が思い浮かべるのは、例えば次のようなものではなかろうか。

> 組織犯罪が行われた疑いが強まり、組織の末端の実行犯に捜査が及ぶ。しかし、組織内で犯行を主導したと思われる首謀者については、犯行への関与を裏付ける証拠が不足している。そこで、すでに捜査が及んでいる末端の実行犯と検察官の間で取引がなされ、末端の実行犯が首謀者の関与を裏付ける供述をするのと引換えに、末端の実行犯の刑事責任を減免する。

---

*15　なお、「自己負罪型」と「捜査協力型」を対比させた場合、言葉の印象としては、後者には「自己負罪」の要素は含まれないかのように誤解されがちであるが、宇川論文で論じられているとおり、「捜査協力型」に分類される②③の司法取引は、（合意事件と標的事件が全く無関係でない限り）合意事件に関する事実関係も認めて供述することが前提となり、実際には「自己負罪」の要素も含むのが通常である。

第2章　2種類の捜査協力型司法取引　13

本書では、このような伝統的な捜査協力型司法取引を「古典的捜査協力型司法取引」、または、単に「古典的司法取引」と呼ぶことにする。古典的司法取引は、大まかにいえば、組織の下位構成員を協力者として、標的である組織の上位構成員等の訴追を目指すものと整理できる。

　もちろん古典的司法取引は今日の米国でも健在である。しかし、企業犯罪の事案について見れば、今日の米国では、組織（会社）自体による自主的な申告と協力を促す次のような新しいタイプの司法取引が重要な役割を果たしている。

　社内調査の結果、従業員が業務の過程で犯罪をしていた疑いが強まり、会社は捜査当局に犯罪を自主申告することにした。会社と検察官の間で協議を重ねた結果、犯行を主導した役員の訴追に向けた捜査協力、制裁金の支払および再発防止に向けたコンプライアンス体制の構築等を条件として、通常の刑事手続の進行を３年間猶予することが合意された。

　本書では、古典的司法取引と対比するため、このような新しいタイプの捜査協力型司法取引を「現代的捜査協力型司法取引」、または、単に「現代的司法取引」と呼ぶ。現代的司法取引は、大まかにいえば、会社を協力者として、標的である会社の上位の従業員の訴追を目指すものである。また、不当な利得の吐出しやコンプライアンス体制の構築を合意事項とする等、問題の根本的な解決に向けた柔軟性の高い合意がなされることが多い点も特徴である。

　なお、念のために断っておくが、「古典的司法取引」「現代的司法取引」という区分は、日本における議論で所与の前提とされている「捜査協力型司法取引」という概念を前提とした上で、その中に２つの異なるタイプのものがあることを説明するために創出したものである。[*16] したがって、「古典的司法取引」「現代的司法取引」といった用語に一対一で対応する英語の概念が存在するわけではない。ただし、「自己負罪型司法取引」「捜査協力型司法取引」という区分を

＊16　この区分の初出は、市川雅士「経済事犯に見る米国の捜査協力型司法取引」季刊刑事弁護95号（2018年）117頁。

前提とする場合に、「古典的司法取引」「現代的司法取引」という区分を合わせて用いてみると、捜査協力型司法取引を巡る様々な事象を落ち着きよく整理することができる。

また、本書では、特に断らない限り、「従業員」という用語を、企業の被雇用者（狭義の従業員）だけでなく、企業の役員をも含む趣旨で用いているので留意されたい。

3　現代的司法取引の沿革

⑴　米国における自主申告を促す仕組みの誕生
現代的司法取引は、1978年に米国司法省反トラスト局が世界で初めて導入した、反トラスト法違反（カルテル）の罪に関するリニエンシー・プログラムにその起源を求めることができる。1978年に導入されたリニエンシー・プログラムは、米国司法省が示した司法取引に関する運用方針であり、密室で行われ、証拠の収集が難しい犯罪の典型であるカルテルに関与していた者に、捜査当局に対する犯罪事実の自発的な申告を促すために設けられたものである。

このリニエンシー・プログラムは、犯罪行為に関与していた者に司法取引を通じて自主申告を促すという仕組みを着想した点では画期的なものであったが、第2部で詳しく見るように、現実にはあまり成功を収めたとはいえない。現在実施されている形でのリニエンシー制度が確立し、大規模な国際カルテルの摘発に結びつくようになるまでには、その後20年近い時間を要することになる。

⑵　米国における自主申告を促す仕組みの拡大
犯罪行為に関与した者に犯罪事実の自主申告を促す仕組みは、上記のように当初は反トラスト法違反（カルテル）の罪という限られた領域でのみ採用されていたが、1999年頃以降、米国で企業に対する訴追が活発化していく中で、様々な企業犯罪に対象を広げるとともに、その内容も企業犯罪の実態や対象犯罪の内容に応じて変化していく。

第2章　2種類の捜査協力型司法取引　15

1999年、米国司法省は、「企業訴追の諸原則[17]」という、企業の訴追において考慮すべき要素を整理したガイドラインを公表した。「企業訴追の諸原則」の公表により、企業犯罪の摘発に向けた動きが加速し、経済事犯における司法取引の運用方針を含め、企業訴追の方針に関する本格的な議論や検討が行われるようになった。

　2002年、エンロン事件の余波で、当時世界有数の監査法人であったアーサー・アンダーセンが破綻した。アーサー・アンダーセンは、顧客であるエンロン社の粉飾決算が発覚した際、関係資料の破棄を社内に指示したとして起訴され、有罪判決を受けた。有罪判決を受けたアーサー・アンダーセンは、監査法人の免許返上を余儀なくされ、取引先を失って破綻に追い込まれ、何の責任もない従業員約2万8000人が職を失う結果となった。2005年、アーサー・アンダーセンに対する有罪判決は連邦最高裁で破棄されるが[18]、もはや救済として手遅れであった。

　この事件は、企業訴追に関する検察官のトラウマとして今日でもよく紹介され、経済事犯における司法取引のその後の方向性に強い影響を及ぼすことになる。検察官にはアーサー・アンダーセンを破綻させる意図はなかっただろうが、刑事手続に乗せられて有罪を宣告されることが、取引先や従業員の動揺を招いたり、世界各国の公共プロジェクトへの入札資格を停止されたりすることにより、確定判決でなくても企業にとって事実上の死刑宣告となり得ることが十分認識されていなかった。この事件以降、検察官は、企業をただ闇雲に訴追するのではなく、通常の刑事手続での事件処理を回避するダイバージョンの仕組みを採り入れて、企業による自発的な捜査協力を促す運用を模索していく。後で詳しく見るDPA（Deferred Prosecution Agreement）はその典型である。

　企業にとっても、こうした動きは無視できないものとなる。企業としては、たとえ比較的少額の罰金刑であっても、有罪判決を受けることはできる限り避

＊17　英語では"Principles of Federal Prosecution of Business Organizations"。一般的な解説として、深水大輔「『企業訴追の諸原則』（Principles of Federal Prosecution of Business Organizations (U.S. Attorney's Manual Title 9-28)）の紹介」信州大学経法論集1号（2017年）297〜350頁がある。
＊18　Arthur Andersen LLP v. United States, 544 U.S. 696 (2005).

けなければならない。有罪判決を受けることになれば、世界各国の公共プロジェクトへの入札資格が停止され、グローバルに事業活動を行う企業にとって文字通りの死活問題となるおそれがある。また、アーサー・アンダーセンの事例が示すように、有罪判決を受ければ、確定判決でなくても取引先や従業員の信用を一挙に失うおそれすらある。したがって、自社の従業員による犯罪行為を察知した会社としては、自ら何もしなくてもいずれ捜査機関にその犯罪が知れると考えるべき事情がない限り、犯罪を自主申告するという選択肢は基本的に選びづらい。

　しかし、検察官が通常の刑事手続による事件処理を回避する仕組みを用意し、積極的に捜査協力する企業に門戸を開いているのであれば、企業にとって新たな選択肢が生まれる。自社の犯罪を自主申告することによって、被害者に対する損害賠償等の負担は生じるとしても、有罪判決を避けることが合理的に期待できるのであれば、企業にとって、外部に発覚する前に犯罪を自主申告することも十分合理的な行動となる。また、積極的な捜査協力を促す仕組みが導入されると、特に社外の者が共犯として関与している事案を中心として、いつ誰が捜査機関に犯罪を自主申告するかもしれないという疑心暗鬼が生じやすくなる。すなわち、積極的な捜査協力を促す合理的な仕組みが用意されれば、企業は、犯罪が発覚した場合に生じる損失の大きさおよび犯罪が発覚する確率のいずれについても避けられないリスクを回避することができる。これが現代的司法取引の基本的な発想である。

⑶　米国における現代的司法取引の利用状況

　現代的司法取引が行われた事案が全て公表されているわけではないため、米国で現代的司法取引がどの程度広く活用されているか正確に示すことは困難である。ただし、米国の著名な法律事務所が、現代的司法取引が行われた公表案件（カルテルに関する事案は除く）の情報を取りまとめて毎年発表している（図表１参照）。なお、ここでは、「企業犯罪におけるDPAおよびNPA」とは、「企業犯罪について現代的司法取引が行われた事例」くらいの意味に捉えていただければよい（DPAとNPAについては後で詳しく解説する）。

図表１　金融犯罪におけるDPAおよびNPAの件数[19]

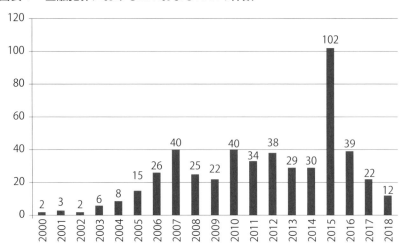

　この図表１が示すように、米国では、現代的司法取引が行われた事例は2000年代前半から徐々に件数が増加し、2010年代以降、年によってばらつきはあるが、毎年30〜40件程度発生している。[20]これらの事例の内訳を見ると、FCPA違反（外国公務員贈賄）や不正会計に関する事件が多く、特にFCPA違反は現代的司法取引が行われる典型的な事案であるといえる。これらの事例の中には、上場企業による重大な事案も多数含まれており、現代的司法取引はFCPA違反を始めとするホワイトカラー犯罪に関する重要な捜査の端緒を提供していると評価できる。

---

[19]　Gibson, Dunn & Crutcher LLP "2018 Mid-Year Update on Corporate Non-Prosecution Agreements (NPAs) and Deferred Prosecution Agreements (DPAs)" (https://www.gibsondunn.com/2018-mid-year-npa-dpa-update/)をもとに作成。なお、2018年は上期のみの件数である。

[20]　2015年の件数が突出して高いが、これは、この年に多数の税法違反事件が集中的に処理されたことによるものである。

⑷ 米国以外の国への現代的司法取引の広がり

1) 経済のグローバル化によって生じた問題

近年、現代的司法取引の仕組みは、外国公務員贈賄事件等を主たる対象として、米国以外の国でも相次いで採用されている。

2000年頃以降に米国で現代的司法取引が誕生した背景には、企業による事業活動の規模が拡大した結果、企業犯罪によって生じる害悪も増大し、重大な企業犯罪を摘発する必要性が増したという事情がある。同時に、経済のグローバル化により企業による事業活動の地理的な範囲が国境を越えて拡大するとともに、インターネットの普及等により企業による事業活動も多様化していったことも挙げられる。

企業犯罪に対する捜査も、かつては、企業による事業活動が一国の国内で完結し、かつ均一化された比較的理解しやすい内容のものであることを前提として対処していれば足りた。しかし、こうした従来型の捜査手法では、規模・内容ともに著しく拡大・複雑化した企業活動の中で生じる犯罪に対処することは困難になってきており、この点は、米国だけでなく世界各国の捜査機関が共通して抱える問題となっている。

2) 従来型の捜査手法の限界

従来型の捜査手法では重大な企業犯罪への対処が難しいことは、具体的な事件をイメージして考えると分かりやすい。そこで、ここでは、外国公務員贈賄の事件を設例として、従来型の捜査手法では具体的にどのような問題が生じるのか検討してみたい。外国公務員贈賄の事件を例とするのは、外国にも害悪をまき散らすなど摘発の必要性が高いにもかかわらず、従来型の捜査手法では対処することが難しい企業犯罪の典型が外国公務員贈賄だからである。

【設例】

A国の会社α社の従業員が、B国の公務員βに賄賂として金銭を提供したという疑いがある。ただし、α社は、直接βに対して金銭を海外送金したわけではなく、C国のコンサルタントγに対してコンサルタント料の名目で海外送金していた。

第2章　2種類の捜査協力型司法取引　19

問題①　捜査の端緒を得ることが難しい

　設例の α 社が A 国内で行った行為は、「C 国のコンサルタント γ に対し、コンサルタント料として金銭を海外送金した」ということだけである。α 社が A 国内で行った行為は、外観上は正常な事業活動の遂行の一貫として行われており、α 社の外部の者（送金に関与した銀行等）から A 国の捜査機関に対して通報や情報提供がなされることは期待できない。また、事件の関係者である β や γ は A 国の国民ではなく、A 国にも基本的に所在していないことから、β や γ が別件の犯罪で A 国の捜査機関に逮捕され、余罪として α 社による外国公務員贈賄が A 国の捜査機関に発覚するといった事態もまず生じない。

　結局、α 社による外国公務員贈賄の疑いが A 国の捜査機関に察知されるためには、当該贈賄に関与した α 社自体またはその内部者からの情報が必要になる。しかし、α 社やその内部者は、当該贈賄が捜査機関に発覚すれば自らも刑事責任を問われる可能性がある立場にあり、自ら捜査機関に情報を提供することには慎重にならざるを得ない。

問題②　証拠の収集が難しい

　幸運にも何らかの偶然によって、A 国の捜査機関が α 社による外国公務員贈賄の疑いを察知したとしても、A 国の捜査機関による証拠の収集は困難を極める。そもそも α 社の事業所を捜索するために必要な令状を得られるかという点はさておき、α 社の事業所を捜索できたとして、そこで得られる証拠は、「α 社が、C 国のコンサルタント γ に対し、コンサルタント料として金銭を海外送金した」ことの記録だけである。γ に送金された金銭のその後の行方に関する記録や、当該送金が賄賂として送金されたことを裏付ける記録は得られない。

　もしかすると、捜索で差し押さえた α 社のサーバーに記録されたデータの中に、これらの点に関する記録があるかもしれない。しかし、サーバーに記録されたデータの量は膨大で、この中から外部者である捜査官が必要な記録を探し出すのは容易なことではない。関係するメールやファイルがサーバー内のどこにあるかも分からない。メールやファイルをキーワードで検索できればよいが、犯行に関与した α 社の従業員が社内メールで「賄賂」等のあからさまな言葉を

20　第 1 部　司法取引に関する概念の整理──司法取引を読み解く道しるべ

使うことは普通は考えにくく、外部者には分からない隠語等が使われることが多い。

　α社の従業員から事情を聴取することはできる。しかし、当該贈賄に関与していた従業員は、送金が贈賄のために行われたことが捜査機関に発覚すれば、自らも刑事責任を問われる可能性がある。よほど正義感の強い聖人のような人物でない限り（そのような人物はそもそも贈賄に加担などしないであろうが）、α社の従業員が事情聴取で口を割ることはあまり期待できそうにない。

　B国やC国の捜査機関に協力を求め、βやγに対する捜査を行ってもらうことはあり得る行動の選択肢ではある。しかし、βやγに対する嫌疑がよほど明確であれば別論であるが、B国やC国の捜査機関が協力に応じてくれるかどうかからして定かでない。協力に応じてくれたとしても、長い時間を要することは覚悟せざるを得ないし、A国の捜査機関が期待しているような証拠が得られるという保証もない。

問題③　訴訟手続に膨大な手間と時間がかかる

　A国の捜査機関にとっては幸運なことに、α社の事業所に対する捜索等の結果、α社がγに送金した金銭が賄賂であったことを窺わせる間接証拠がいくつか得られたとしても、その後の裁判所での訴訟手続が円滑に進むという保証はない。設例は外国公務員贈賄の事件としてはかなり単純なものであるが、それでも弁護側が争うべきポイントは数多い。簡単に思い付くだけでも以下のような主張がなされことが考えられる。

　「γに対する送金は正常なコンサルタント業務に対する対価である。」（γとのコンサルタント契約書や、γがコンサルタントとしてα社のために何らかの活動をしていたことを示す証拠が、α社から大量に提出される。）

　「γに送金した金銭が、βに流れたという証拠がない。」

　「γからβに金銭が流れていたとしても、それはα社とは無関係に行われたことである。」

　「α社がβから何らかの便宜を図ってもらったことの証拠がない。」

　α社は、有罪となればレピュテーションに大きな影響を受けるため、優秀な

弁護士を多数起用して、全力で争ってくるであろう。こうした争点について裁判所が審理を行い結論に至るまでには、膨大な手間と時間がかかる。また、そのように膨大な手間と時間を費やしたとしても、A国の捜査機関が望む通り、α社が有罪になるという保証もない。首尾よく一審で有罪判決を得たとしても、上訴されれば確定までにさらに手間と時間がかる。

3) 国際的なコンセンサスの形成

具体的な内容は若干異なり得るが、従来型の捜査手法による上記の問題点は、各国の捜査機関が共通して抱えている問題であるといえる。

米国で誕生した現代的司法取引は、それ自体が被疑者でもある企業に捜査機関による捜査に協力するインセンティブを与えることにより、従来型の捜査手法が抱えるこれらの問題点を解決しようとするものである。現代的司法取引は、これまでのところ、従来型の捜査手法が抱える問題点に対する効果が実証された唯一の方法であると言ってよい。後で詳しく見るように、近年、米国以外のいくつかの主要国が、相次いで現代的司法取引の典型であるDPAを導入する法改正等を行っている。この現象の背景には、米国で実証された現代的司法取引の有用性を踏まえると、外国公務員贈賄等の悪質で摘発の必要性が高い企業犯罪に対処するためには、現代的司法取引を導入するしか現実的な方法がない、との認識の世界的な広がりがある。

2000年頃以降にこのような認識が広がり、世界的なコンセンサスが形成されていったことは、外国公務員贈賄に関する条約にも表れている。

外国公務員贈賄に関する世界的な規制の枠組みを構築した最初の条約は、1997年に採択されたOECDの「国際商取引における外国公務員に対する贈賄の防止に関する条約」[21]（以下「OECD条約」という）である。同条約は、外国公務員に対する贈賄を国内法上犯罪とすることを締約国に義務付けることが主たる内容であり[22]、それを摘発するための手段については最小限の定めしか設

---

*21　1999年に発効。
*22　日本もOECD条約の締約国であり、OECD条約を実施するために、外国公務員に対する贈賄を犯罪化する不正競争防止法の改正がなされた。

けていなかった。

　その後、2000年には「国際的な組織犯罪の防止に関する国際連合条約」[*23]（以下「国連組織犯罪防止条約」という）が採択され、この中でも、外国公務員に対する贈賄を国内法上犯罪化することが締約国の義務とされた。[*24] しかし、同条約における贈賄に関する定めはごく簡潔なものであり、交渉過程で、贈賄に関するより包括的な対策を講じることが提唱され、2003年になって、贈賄に関する包括的な条約である「腐敗の防止に関する国際連合条約」[*25]（以下「国連腐敗防止条約」という）が採択された。

　国連腐敗防止条約は、OECD条約や国連組織犯罪防止条約と異なり、贈賄に対する法執行について包括的に規定している点が特徴であるが、法執行に関する規定の中に次のような条文が置かれていることは注目に値する。

　第37条　法執行当局との協力

　　1　締約国は、この条約に従って定められる犯罪の実行に参加している者又は参加した者に対し、権限のある当局にとって捜査及び立証のために有用な情報を提供すること並びに事実に基づく具体的な援助であって犯人から犯罪収益をはく奪し、及び回収することに貢献し得るものを権限のある当局に提供することを奨励するため、適当な措置をとる。

　　2　締約国は、適当な場合には、この条約に従って定められる犯罪の捜査又は訴追において実質的に協力する被告人の処罰を軽減することを可能とすることについて考慮する。

　　3　締約国は、自国の国内法の基本原則に従い、この条約に従って定められる犯罪の捜査又は訴追において実質的に協力する者の訴追を免除することを可能とすることについて考慮する。

＊23　日本は、条約の実施に必要な法改正（いわゆるテロ等準備罪を新設する組織犯罪処罰法の改正）が遅れたため、2017年になってようやく批准した。
＊24　国連組織犯罪防止条約8条。
＊25　同条約は、国連組織犯罪防止条約を補完するものと位置付けられている。このため、国連組織犯罪防止条約の実施に必要な法改正に手間取った日本は、国連組織犯罪防止条約と同じく2017年になってようやく批准した。

国連腐敗防止条約のこれらの規定は、締約国間で刑事司法制度が異なること等を考慮し、捜査・訴追に実質的に協力する者に恩典を与える制度を採用することを締約国の義務とまではしていない。ただし、捜査・訴追に実質的に協力する者に恩典を与える制度とは、すなわち司法取引に他ならず、これが贈賄に対する法執行上の手段として考慮すべきものとして条約に規定されていることには重要な意味がある。本規定は採り得べき司法取引の態様について具体的に定めるものではないが、すでに設例を通じて検討したように、贈賄等に対処する上での従来型の捜査手法の問題点に対する有用性が実証された唯一の手段が現代的司法取引であることからすれば、贈賄側の企業及びその従業員の協力を促す現代的司法取引が重要な選択肢となる。

　以上のような流れの中で、米国に続き、英国、フランス、カナダおよびシンガポールで、外国公務員贈賄を主たる対象として、刑事責任を負うべき企業による捜査協力を促し、一定の合意事項を履行することを条件として企業の刑事責任の減免を認める仕組みが導入されている（詳しくは第3部で解説する）。日本で新設された協議・合意制度は、取調べによる供述証拠獲得に代わる捜査手段とすることを全面に押し出して立法過程での検討がなされてきたという特殊な経緯があるために、その制度的な位置付けが分かりにくくなっているが、上記のような流れの中に置いてみれば、2018年に日本で協議・合意制度が施行されたこと、協議・合意制度の対象犯罪が外国公務員贈賄をはじめとする企業犯罪を中心として構成されていること、そして協議・合意制度の第1号案件に外国公務員贈賄に関する事件が選ばれ、かつ企業が協力者となる現代的司法取引と見るべき事案であったことは、いずれも起こるべくして起こったことといえる。

4　古典的司法取引と現代的司法取引の違い

　現代的司法取引は、どのような点で古典的司法取引と異なるのであろうか。企業犯罪を前提として両者の違いを整理すると以下に示す図表2のようになる。

24　第1部　司法取引に関する概念の整理——司法取引を読み解く道しるべ

図表2　古典的司法取引と現代的司法取引の対比

	古典的司法取引	現代的司法取引
標的	上位の従業員（および社外の共犯者）	
協力者	下位の従業員	会社
標準的な協力の時期	捜査当局への発覚後	捜査当局への発覚前
主な協力の内容	供述の提供	標的でない従業員による供述の提供、社内資料の調査・提供
主な恩典の内容	刑の減免	制裁金の支払やコンプライアンス体制の構築等を条件とした刑事手続の進行の猶予等
巻込みの危険	基本的に生じやすい	事案にもよるが、基本的に生じにくい

(1) 標的

　まず、標的となる者についてはほとんど違いがない。古典的司法取引であっても、現代的司法取引であっても、標的とされるのは組織の上位の構成員（企業の上位の従業員）である。もちろん、古典的司法取引・現代的司法取引のいずれの場合でも、企業の上位の従業員と共謀した社外の共犯者がいる場合は、それらの共犯者も標的となる。

　検察官にとっては、末端の構成員ではなく、犯罪を主導した上位者の刑事責任を追及することが捜査の究極的な目的であり、司法取引はそのために採り得る捜査手法の一つに過ぎないのであるから、司法取引の態様の違いにかかわらず標的が同じであるのは当然である。

(2) 協力者

　古典的司法取引では、組織の下位の構成員（企業の下位の従業員）が協力者となることが通常である。

　これに対し、現代的司法取引では、組織（企業）自体が協力者となる。企業が協力者となる場合、企業の代表者のみが捜査に協力するわけではなく、企業は、犯行に関係する全従業員（最終的に標的となる者は除く）を捜査に協力さ

せる義務を負うことになる。

(3) 標準的な協力の時期

　古典的司法取引では、犯罪が捜査当局に発覚し、組織の下位の構成員（企業の下位の従業員）に対する捜査がある程度進んだ段階で、捜査当局から協力を打診されることが通常である。古典的司法取引の場合、犯罪行為に加担した自然人が協力者となるが、自然人には、まだ自分に対して捜査が及んでいない段階で、自分も関与した犯罪を自主申告するインセンティブは現実には働きにくい。

　これに対し、現代的司法取引の場合、捜査当局がまだ犯罪を察知していない段階で会社が犯罪を自主申告してくることがむしろ標準的である。これは、アーサー・アンダーセン事件との関係ですでに見たように、企業は自然人とは異なる行動原理に従って行動するからである。企業にとっては、通常の刑事手続の回避が期待できるのであれば、社内で犯罪の存在を把握した後、外部に発覚する前に犯罪を自主申告することも十分合理的な行動となる。

　また、会社の意思決定を担う取締役は、捜査協力を躊躇して会社の損害を拡大させた場合、事後に株主代表訴訟で個人責任を追及されるおそれがあり、[26]この点も早期の捜査協力への誘因となる。もちろん、主だった米国企業の役員は、個人責任を追及されるリスクに備えてD&O保険（会社役員賠償責任保険）による保護を受けている。しかし、D&O保険はあくまでもリスクを軽減するための措置に過ぎず、現実に発生する可能性のあるあらゆる事故をカバーできるとは限らない。[27]実際に事故が生じた場合に保険金が支払われるかどうかは結局は事案次第であり、犯罪があったことの報告を受けた役員としては、その報告について必要な社内調査や捜査機関への申告をしないという判断は現実に

＊26　日本でも、取締役が課徴金減免制度を十分に利用しなかったこと等を理由として株主代表訴訟が提起された例がある（住友電工株主代表訴訟事件）。

＊27　例えば、証券取引委員会（SEC）による捜査に対応するために会社が支出した費用がD&O保険による保険金支払の対象となるかが争われ、保険金支払の対象とならないと判断された裁判例がある。Office Depot, Inc. v. National Union Fire Insurance Co. of Pittsburgh, Pa., No. 11-10814 (11th Cir. Oct. 13, 2011).

は採りにくい。

⑷ 主な協力の内容

古典的司法取引の場合、協力者（組織の下位の構成員）が提供できる証拠は、協力者自身の供述と協力者自身が保有する文書等に限られる。

これに対し、現代的司法取引の場合、すでに⑵で見たように、協力者（企業）は、犯行に関係する全従業員（最終的に標的となる者は除く）を捜査に協力させる義務を負う。すなわち、企業の下位の従業員による供述に限らず、犯行に関係するあらゆる従業員の供述が提供の対象となる。文書等についても、企業の下位の従業員が保有していたごく限られた分量のものだけでなく、企業のサーバーに記録されている業務データを含む、企業が保有する関係文書等全てが提供の対象となる。

また、生の資料に証拠としての価値を与えるためには、大量のデータから犯行と関連する資料を抽出したり、社内用語を読み解いて関連性を見極めたりといった作業が必要になるが、こうした作業も企業の協力義務に含まれる。

このように、企業が捜査機関に提供できる証拠は、質と量の両面において、個人が提供できる証拠をはるかに上回るものとなる。

⑸ 主な恩典の内容

古典的司法取引の場合、協力者に与えられる恩典としては、協力者に科される刑の減免のみが問題となる。

これに対し、現代的司法取引の場合、協力者（企業）に科される刑の減免が問題となることはもちろんだが、その焦点は通常の刑事手続を回避できるかどうかという点となることが多くなる。また、詳しくは第２部および第３部で解説するが、犯罪に起因する問題を柔軟かつ効果的に解消するために、通常の刑事手続を回避することを認めるための条件として、再発防止のためのコンプライアンス体制の構築や、被害者に対する補償の支払等を合意事項に含めることができる制度設計がなされることが多く、より柔軟な問題の解決が可能になるという側面がある。

⑹　巻込みの危険

　古典的司法取引の場合、協力者と標的は共犯関係にあることが通常である。したがって、協力者にとって、標的により多くの責任をなすりつけることができれば、協力者自身の刑事責任はその分軽くなることが期待できるので、協力者の供述には巻込みの危険が大きいと考えざるを得ない。

　これに対し、現代的司法取引の場合、協力者（企業）と標的（企業の上位の従業員）は共犯関係にはなく、むしろ、標的（企業の上位の従業員）の責任が小さければ小さいほど、協力者（企業）の刑事責任もそのぶん小さくなるという関係にある。この関係は、法人の犯罪能力を認める国であろうと、日本のように法人の犯罪能力を認めず両罰規定で対処している国であろうと、何ら異なるものではない。

　また、すでに⑷で見たように、現代的司法取引における協力者（企業）は、犯行に関係した自社の全従業員（最終的に標的となる者を除く）を捜査に協力させる義務を負う結果、会社のサーバーに記録されている膨大な業務データ等の客観証拠を含む大量の証拠を捜査当局に提供することになる。それら大量の証拠が裏付け証拠として機能し得る状況の下では、標的となっている特定の従業員に過大な責任をなすりつけるよう証拠を改ざんすることも容易ではない。なお、後で詳しく見るように、企業の内部調査は主に社外の弁護士を起用して行うことが通常である。特定の標的従業員に過大な責任をなすりつけるよう証拠を改ざんしようとすれば、社外の弁護士の目をかいくぐって行うか、社外の弁護士に弁護士倫理に悖る行為を行わせる必要があり、いずれにしても決して容易ではない。

　したがって、現代的司法取引の場合、少なくとも協力者（企業）と標的（企業の上位の従業員）の間では、協力者が標的に過大な責任をなすりつけるという形での巻込みが生じる危険は、古典的司法取引と比べて小さいといえる。

　もちろん、現代的司法取引が行われる事案でも、巻込みの危険が全くないとはいえない。例えば、A社が協力者となって、a（犯行に関与したA社の従業員）、b（aと共犯関係に立つB社の従業員）およびB社を標的とする場合、協力者であるA社は、社外の共犯者であるB社およびbに責任をなすりつけて、

ａ、ひいてはＡ社自身の責任の軽減を図ろうとする動機が生じないわけではない。しかし、FCPA違反（外国公務員贈賄）のように、刑事責任がＡ社内で完結する事案においては、繰り返しになるが、Ａ社がａに過大な責任をなすりつける動機は生じにくいし、仮にそのような動機が生じたとしても、それを実行に移すことは必ずしも容易ではない。

　このように、古典的司法取引と現代的司法取引を比べると、巻込みの危険の生じやすさという点で無視できない違いがある。古典的司法取引がなされた事案では、その性質上、巻込みの危険が生じることは基本的に避けがたく、常に高い注意が求められる。他方、現代的司法取引がなされた事案では、協力者と標的の関係が古典的司法取引の場合とは異なり、標的に対する巻込みの危険が生じやすいとはむしろ言いがたい。また、大量の証拠が提供される状況で、意図的に特定の者に実態よりも不利な状況を作出することも必ずしも容易ではない。もちろん、現代的司法取引も巻込みの危険と無縁ではないが、その危険の程度と内容は事案のパターンによって異なる。

　現代的司法取引がなされる事案は、大きく３つの類型に分類できる。

　【類型①（一社完結型）】は、犯行に加担した者が全て同一の企業に属する場合である。企業不祥事の最も基本的な形態といえる。

　【類型②（複数社関与型）】は、自社の従業員だけでなく、社外の者も犯行に加担している場合である。例えば、粉飾決算の事案は、通常は類型①に該当するが、社外の監査法人も犯行に加担したような場合は類型②に該当する。

　【類型③（カルテル）】は、類型②からカルテル事案を特別類型として切り出したものである。そもそも、カルテル事案で用いられるリニエンシー制度と現代的司法取引の関係をどのように整理するかという点は、それ自体が検討を要する問題ではあるが、ここではさしあたり、リニエンシー制度も現代的司法取引の一類型であるものとしておく。ただし、いずれにせよ、カルテル事案には独特の歴史的経緯や特別なルールがあり、類型②と区別しておくのが頭の整理に資する。

　すでに見てきたように、捜査協力型司法取引の中に性質の異なる２つのタイプ（古典的司法取引と現代的司法取引）が存在することを無視して、一律に「捜

査協力型司法取引には巻込みの危険がある」などと論じることは無益である。のみならず、現代的司法取引を念頭に置いて論じる際に、上記のような事案の類型を意識せずに巻込みの危険の大きさ等を論じても益は小さいと言わざるを得ない。

　まず、巻込みの危険の程度についていえば、すでに見たように、現代的司法取引の事案では、協力者（会社）が標的たる自社の従業員に対し実態よりも重い責任をなすりつけるインセンティブは比較的働きにくい。もしそのようなインセンティブが働くとすれば、会社内部における従業員間の利害関係の対立等、何らかの特別な事情がある場合に基本的に限られることになろう。

　社外の共犯者との関係では、現代的司法取引の事案でも、協力者（企業）には標的に対し実態よりも重い責任をなすりつけるインセンティブが働くことは否定できない。ただし、大量の証拠が存在する中で特定の者に責任をなすりつける証拠構造を作り出すことは必ずしも容易ではない。古典的司法取引の事案だけを想定していればよいのであれば、巻込みの危険を論じる際にも、「協力者が他の者に責任をなすりつける虚偽の供述をするおそれがある」とだけ論じていれば足りる。しかし、現代的司法取引の事案では、巻込みの危険を論じる際にも、それが具体的な証拠構造の下で、いかなる形で実現されようとしているか、よりきめ細かい検討が必要になる。

　また、上記のような事案の類型分けは、捜査機関への自主申告の生じやすさという観点からの検討においても有用である。例えば、日本の協議・合意制度に関する論考の中には、特段の留保なしに「捜査協力型司法取引が導入されると、共犯者間で捜査当局への捜査協力競争が起きるようになる」などと指摘するものがあるが、上記の類型を意識すれば、かかる指摘が必ずしも正鵠を得たものでないことに気付くことができる。共犯者が他の共犯者より先に司法取引をしようとするのは、「共犯者の中から自分よりも先に捜査協力を申し出る者が出るのではないか」という疑心暗鬼によって生じる現象である。疑心暗鬼がどの程度強く生じるかは、共犯者間のコミュニケーションの取りやすさや、共犯者間の利害の共通性の程度、共犯者の属性、疑心暗鬼を誘発する制度的仕掛けの有無等により異なる。例えば、同じ会社の同じ営業部に属する部長と課長

図表3　事件類型による違い

	類型①（一社完結型）	類型②（複数社関与型）	類型③　（カルテル）
内容	自社の従業員だけが犯罪行為に関与している場合	自社の従業員だけでなく、社外の者も犯行に加担している場合	カルテル
主な事案	FCPA違反（外国公務員贈賄） 税法違反（脱税） 証券取引法違反（粉飾決算） Fraud（詐欺）		反トラスト法違反（カルテル）
標的	有責性の強い自社従業員	有責性の強い自社従業員 ＋社外の共犯者	
巻込みの危険	特段の事情がない限り、生じやすい関係にあるとはいいがたい	自社の従業員に対しては、類型①と同様。 社外の共犯者に対しては、生じやすい関係にあるが、現実に巻込みを実現しやすいかどうかは事案次第	
共犯者間の疑心暗鬼	必ずしも生じやすいとはいえない	比較的生じやすい	

が共犯者である場合（**類型①**）と、日本の会社と米国の会社がカルテルの共犯者である場合（**類型③**）を比べれば、疑心暗鬼の生じやすさに無視できない開きがあると考えざるを得ないだろう。

　日本の協議・合意制度を巡っては様々な立場の実務家・研究者から論考が発表されている。しかし、刑事実務家・刑事法研究者による論考は、そのほとんどが、これまで見てきたような2つの異なるタイプの捜査協力型司法取引の存在を意識せず、また、事案の特徴に応じた検討・分析もなく、結局のところ、「司法取引は、嘘の証言や供述によって他人を巻き込みやすく、冤罪の危険がつきまとう」という抽象的な主張にとどまるものが多いように見受けられる。

　例えば、協議・合意制度の第1号事案は、協議・合意制度が利用されるに至った経緯に若干特殊な点はあるものの、基本的には会社が協力者となる現代的司法取引の事案であり、かつ社外の共犯者が存在しない類型①（一社完結型）

第2章　2種類の捜査協力型司法取引　31

の事案であった。*28 したがって、第1号事案に対する評釈として、古典的司法取引を前提とした巻込みの危険を抽象的に指摘するにとどまるものは、基本的に的外れであると言わざるを得ない。前線に立つ企業法務実務家が刑事実務家・刑事法研究者に求めているのは、このような抽象的な指摘ではなく、取引の態様や具体的な事案における共犯者間の利害関係等の特徴を的確に捉えたよりきめ細かい分析である。

＊28　日本法で処罰することが困難な収賄側は共犯者にカウントしない。

第3章

「司法取引」の境界の画定

1 本書における「司法取引」の定義

　以後の検討を進める前に、まず本書で検討の対象とする「司法取引」を定義しておきたい。本書では、さしあたり、「司法取引」とは、「検察官の訴追裁量権の行使が、被疑者・被告人との間でなされた正当な拘束力を付与される合意に基づき、訴追協力の見返りとして、訴追協力がなされなかった場合よりも被疑者・被告人に有利な形で行われること」と定義しておきたい。

　この定義は、宇川論文における「司法取引」の定義（「検察官の訴追裁量権の行使が、被告人との合意に基づき、訴追協力の見返りとして取引的に行われること[29]」）と実質的に同じものである。宇川論文の記述から文言を若干修正しているが、それらの修正は基本的には定義の外縁を明確化するためになされたものであり、定義の実質的な内容を修正することを特に意図したものではない。この定義で、日本語で「司法取引」と呼ばれている手法の基礎的な要素は一通りカバーするとともに、日本の協議・合意制度および協議・合意制度と実質的に類似する外国の取引的捜査手法もその対象に含むことができているものと考える。

　なお、日本語における「司法取引」という言葉で表される概念のいわば境界線上に位置するいくつかの要素について、「司法取引」の外縁を画するために以下で若干の検討を加える。

＊29　宇川春彦「司法取引を考える(1)」判例時報1583号（1997年）40頁。

2　いわゆる闇取引の扱い

　例えば、「否認しているといつまでも勾留が続くことになる。痴漢をやったと認めれば早く釈放してやる」といった、現行の法体系の下では正当化される余地の乏しいいわゆる闇取引は、形式的には検察官と被告人の間で取引的になされる合意に該当するとみる余地もあるが、少なくとも本書では検討の対象としない。先述した定義中の「『正当な拘束力を付与される合意』に基づき」という部分は、正当化される余地の乏しい闇取引を検討の対象から除くことを意図したものである。

3　裁判所の関与の有無

　例えば、米国でなされている司法取引の大半は、被告人が自らの有罪を認める答弁（plea）を公判廷でするのと引き換えに、検察官が一定の減刑を約束するという取引（宇川論文では「答弁取引」と呼ばれている）であるが、この「答弁取引」は、公判廷での手続を要するため、取引の結果なされた合意の採否に裁判所が関与することになる。ところが、同じ米国でも、検察官と被疑者の間で取引がなされた結果、被疑者に対する公訴を提起しない（不起訴とする）場合には、公判廷での手続がないまま取引が完結するため、合意の採否に裁判所が関与する余地がない。このように、同じ米国の中でも、裁判所が関与する取引と、裁判所が関与しない取引が混在している。

　また、第3部で詳しく紹介するが、取引的な捜査手法を導入した国の中には、合意の内容について裁判所の承認を要することとしている国も多く見られる。

　このように、実質において類似している取引の中にも、裁判所が関与するものと関与しないものが混在しているのが実態であり、この点を「司法取引」の定義上どのように処理するかという問題が生じる。

　宇川論文も、米国における司法取引について説明する際に、この問題を明確に意識していた。宇川論文は、まず、裁判所の関与の有無を問わず、米国で刑

事裁判手続の過程でなされている取引を広く「司法取引」として捕捉している。その上で、「司法取引」として捕捉された取引をさらに分類する際に、裁判所の関与を要するものを「答弁取引」、裁判所の関与を要しないもの（訴追協力した被疑者に対する公訴が提起されないもの）を「免責型司法取引」とそれぞれ呼ぶことで、両者をうまく区別している。

国際的な比較検討を実際的に行う観点からも、このように、裁判所の関与の有無にかかわらず、訴追協力の取引を広く「司法取引」として捕捉するのが合理的であると考えられる。有効な取引を行うために裁判所の関与を要するかどうかは、後で第3部でも見るように、その国における政策的な配慮によって決まる問題に過ぎないように思われる。また、日本の協議・合意制度は「日本版司法取引」と通称されているが、協議・合意制度の下では訴追協力に応じた被疑者が不起訴となること、すなわち裁判所の関与のないままに取引が完結することが予定されているので、「日本版『司法取引』」とは裁判所の関与が必須となるものではないということが、すでに事実上のコンセンサスとなっているようにも思われる。

4　リニエンシー制度の扱い

「司法取引」の外縁を画するに際して、若干悩ましいのがリニエンシー制度の扱いである。リニエンシー制度は、カルテル（競争事業者間で競争を制限する合意をする行為）に参加した者に、競争当局・捜査当局にカルテルについて自主申告し、当局による行政調査または刑事捜査に協力することを条件として、行政上の制裁または刑罰の減免を与える制度である。日本でも、2005年の独占禁止法改正により課徴金減免制度という名称で導入され、2006年1月4日から施行されている。

もちろん、カルテルを犯罪とせず、刑罰ではなくもっぱら行政上の制裁で処断することとしている法域では、リニエンシー制度が「司法取引」に当たる余地はない。しかし、米国や日本のように、カルテルを犯罪としている法域では、リニエンシー制度が刑罰の減免を与えるものとなり、取引により検察官の訴追

裁量権の行使を制約するものとして「司法取引」に当たるのではないかという問題が生じる。

課徴金減免制度が「司法取引」に当たるかどうかという点については、2005年の独占禁止法改正時に若干の興味深い議論があったことが記録に残されている。以下の記述は、当時の事情に関する、研究者（村上政博氏）と元公正取引委員会委員長（竹島一彦氏）による対談からの抜粋である。

　　○村上　……〔課徴金〕減免制度の導入についても、法制局が、いや、それだったら司法取引みたいなものであって、減免制度なんて導入できないとか、そのようなことは言わなかったのですか。

　　○竹島　……政府部内の調整にすごく苦労したという記憶はないのですが、ただ私は心配しました。国会とかで、課徴金減免制度は司法取引であると攻められるのではないかと。これは司法取引と違うのだということを縷々説明しました。司法取引は容疑者になってから、私がやりました、ごめんなさい、調査に協力します、ついては刑を軽くしてくださいということですが、課徴金減免制度（リニエンシー）は、当局が違反行為について不知の段階で、事実を申告し、その後の調査に協力すれば、オートマチックに減免を認めるというものだから、これは司法取引ではないと。[30]

　誤解のないように予め述べておくが、上記の記述で述べられている竹島氏の説明は、日本語における「司法取引」という言葉の曖昧さを逆手に取って、逆境となり得る状況を巧みに乗り越えていったものであるといえ、疑いの余地なく一級の政治手法である。ただし、学術的な観点から言えば、竹島氏の説明を額面どおりに受け取るわけにはいかない。

　第1に、竹島氏が述べる「司法取引」とは、実際には「plea bargaining」（宇川論文で「答弁取引」と呼ばれているもの）だけを念頭に置いているものと推

---

[30]　竹島一彦・上杉秋則・松山隆英・村上政博『回想独占禁止法改正』（商事法務、2016年）206～207頁。

測される。このことは、「司法取引は容疑者になってから、私がやりました、ごめんなさい、調査に協力します、ついては刑を軽くしてくださいということです」という記述が示唆している。ここまですでに見てきたように、「司法取引」という言葉は、「答弁取引」以外の取引も含むものとして理解されることがむしろ一般的であり、「答弁取引」以外の取引が（自覚的なものであるかどうかはさておき）抜け落ちている点は、学術的な観点からはやや正確性を欠く。

　第2に、日本の課徴金減免制度は、公正取引委員会にカルテルの事実を申告し、その後の調査に協力すれば「オートマチックに減免を認めるというもの」と本当に言えるのかという点も問題となる。

　独占禁止法が定める不当な取引制限の罪（カルテル等）を犯した者については、公正取引委員会が専属告発権を有するため、事件が刑事訴追に値するかどうかの一次的判断権は公正取引委員会に与えられている（独占禁止法96条）。ただし、公正取引委員会は、公正取引委員会による調査開始日前に第1順位で課徴金減免申請を行い、調査に必要な資料等を提出した事業者およびその役職員等については、虚偽の資料を提出した等の例外事由に該当しない限り告発を行わないとの方針を示しており[*31]、現実にそのように運用されている。その上で、検察庁は、理論上は告発不可分の原則（共犯者の一部についてなされた告訴の効果は全ての共犯者に及ぶ）により、告発されていない者を起訴することは可能であるにもかかわらず、上記の理由から公正取引委員会による告発の対象とされなかった事業者およびその役職員等については起訴しないという方針を採っている。この点については、課徴金減免制度を導入する独占禁止法改正案の審議に当たって、法務省から、「一部の事業者を被疑者とする告発がなされた場合、告発されなかった被疑者につきましては、検察官において、その訴追裁量権の行使に当たり、専属告発権限を有する公正取引委員会があえて刑事告発を行わなかったという事実を十分考慮することになると考えられますので、措置減免制度は有効に機能するものと考えております。」という答弁が行われて

---

*31　公正取引委員会「独占禁止法違反に対する刑事告発及び犯則事件の調査に関する公正取引委員会の方針」。

*32
いる。

　このように、課徴金減免制度の下における刑罰の免除は、形式的にはあくま
でも検察官による自らの訴追裁量権の行使の自制という形で実現されている。
もっとも、実質的には、課徴金減免申請をする事業者は、検察官が公正取引委
員会と協調して予め公表している訴追裁量権行使の方針を信頼し、いわば「条
件を満たす者には訴追免除という恩典を与えるので積極的に申請するように。」
という勧誘に応じて申請をすることを決断している。そしてまた、申請後、最
終的に訴追免除という恩典、つまり訴追裁量権の不行使が実現されるためには、
課徴金減免申請をした事業者は、不当な取引制限に当たる行為を公正取引委員
会に自主申告するだけでなく、その後の調査に継続して協力する義務を負い、
調査に必要な資料を全て提出するという独占禁止法7条の2第10項に定めら
れた協力義務を果たしたと公正取引委員会に認めてもらう必要があると評価さ
れて初めて訴追裁量権の不行使を通じた刑罰の免除を受けることができる。協
力義務を果たしたと評価されるまでの過程では、申告内容が十分であるかどう
か、また、調査に協力して提出した証拠は十分であるかどうかといった点を巡
って公正取引委員会と会社の間で何度も実質的な協議がなされることが通常で
あり、「オートマチックに減免を認めるもの」というよりは、公正取引委員会
当局との度重なる実質的な協議の結果と、最終的に「独占禁止法7条の2第
10項に定められた協力義務を果たしたと認められるので、予め約束していた
恩典を与える」という合意に至るという側面がやはり強いように思われる。ま
た、少なくとも、訴追免除という恩典を与えるという予め公表された方針を検
察官と協調して実現すべき公正取引委員会との間では、実質的な協議を経た上
での「正当な拘束力を付与される合意」も一応存在しているとみることができ
る。

　以上のような疑問を踏まえて検討すると、日本の課徴金減免制度は実態とし
ては「司法取引」に当たるものと位置付けることができ、そのように捉えるほ

＊32　平成17年3月11日衆議院経済産業委員会における法務省答弁。平成17年4月19日参議院経
　　済産業委員会でも同趣旨の答弁がなされている。

うがやはり自然であるようにも思われる。また、第2部で詳しく見るように、米国のリニエンシー制度はもともと司法取引の運用方針として創出されたものであり、カルテルを刑事罰で規制する法域におけるリニエンシー制度は歴史的にも司法取引の派生型と位置付けられる。このような点を踏まえ、本書では、日本の課徴金減免制度を含むリニエンシー制度は、行政上の制裁の減免に関する部分を除き、刑罰の減免に関する部分に限定してではあるが、「司法取引」に含まれるものとして扱うことにしたい。

このように整理すると、一つ浮かび上がってくる事実がある。それは、日本では、協議・合意制度を新設する改正刑事訴訟法が施行された2018年6月1日よりも早く、課徴金減免制度を新設する改正独占禁止法が施行された2006年1月4日から、対象犯罪がごく限られていたとはいえ、すでに10年以上に渡り「司法取引」制度が行われてきたということである。協議・合意制度に対しては、「仲間を売るような制度は日本人の文化に合わない」などといった抽象的な批判がたまになされることがある。同じような批判は、課徴金減免制度が導入された際にも存在していた。しかし、その後の10年以上に及ぶ課徴金減免制度の運用実績を見れば、かかる批判が的外れなものであったことはもはや実証されているといえる。

第3章　「司法取引」の境界の画定　39

第2部
現代的司法取引の誕生と発展
―― 経済事犯に見る米国の司法取引

第2部では、いよいよ米国の司法取引事情を詳しく見ていくことになる。本書では、ホワイトカラー犯罪を主な対象犯罪とする日本の協議・合意制度と対比するため、また、1997年に発表された宇川論文以後に生じた企業訴追に関する動向を捕捉するため、主にホワイトカラー犯罪を念頭に置いて近年の米国の司法取引事情を見ていく。

　第1章では、米国の司法取引事情を具体的に見ていく前に、米国の刑事司法制度の基礎にあるいくつかの概念について、以後の検討の前提として必要になる範囲で簡単に解説する。米国法についてある程度の知識がある方は先に進んでいただいて差支えない。

　第2章では、主にホワイトカラー犯罪の事案における司法取引の歴史を概観する。密行性の高いホワイトカラー犯罪に対処するために、犯行に関与した者に司法取引を通じて自らの犯罪の自主申告を促す仕組みが誕生し、対象が拡大するとともに内容が深化していく流れを追う。

　第3章と第4章では、企業が司法取引を行う場合の具体的な手続の流れを見ていく。米国では、ホワイトカラー犯罪の事案における近年の司法取引は、捜査機関への発覚前に企業に犯罪の自主申告を促すことに重点を置いている。第3章では、捜査機関への発覚前に企業が自主申告して司法取引を求める場合を、第4章では、捜査機関に犯罪が発覚した後に企業が捜査協力して司法取引を求める場合をそれぞれ検討する。

第1章

米国の刑事司法制度の基礎

1 連邦法と州法の関係

　米国は連邦国家であり、各州がそれぞれ独自の立法権を有している。連邦政府は、複数の州にまたがる取引（州際通商）に関する事項等、合衆国憲法が連邦政府の権限として定める事項についてのみ立法権その他の権限を有する。

　このため、州内で発生する窃盗や殺人等の自然犯は、基本的には各州の規制権限に服する問題であり、各州の議会が定めた法律を根拠として、各州の裁判所で審理される[1]。これに対し、反トラスト法違反（カルテル）、税法違反（脱税）およびFCPA違反（外国公務員贈賄）といった複数の州や国が関係する取引に関する犯罪は、その多くが連邦法によって処罰の対象とされている。

　こうした状況からすると、米国における司法取引について検討する際には、連邦法の下での運用に加えて、50州の各州法の下での運用を全て検討していく必要があるように見える。しかし、各州法の下での運用を全て検討することは、現実的でないだけでなく、以下の3つの理由から、必ずしも必要であるとはいえない。

　第1に、合衆国憲法および連邦法の規定と州法の規定との間で競合・衝突が生じる場合、基本的に合衆国憲法および連邦法の規定が州法の規定に優越するため、重要性の高い事項については、各州の立法府の完全な裁量に委ねられる領域は限られている。その結果、各州における刑事実体法・手続法は、細かい

---

*1　ワシントンD.C.のような連邦政府の直轄地で発生した犯罪については、自然犯であっても連邦政府が立法権その他の権限を有することになるが、本書における以後の検討との関係では特に重要ではないのでひとまず忘れてよい。

第1章　米国の刑事司法制度の基礎　　43

点では様々な差異があるが、大枠としてはある程度各州で共通する内容にならざるを得ない。

　第2に、実際的な観点からも、刑事実体法・手続法が州によって全く異なっていては不便であり、運用上支障をきたすこともあり得るため、各州の州法は、連邦法や、アメリカ法律協会（American Law Institute）が作成する標準的な文案（モデル・コード）等を参考にして、ある程度平準化されたものとなる傾向がある。

　第3に、反トラスト法違反（カルテル）、税法違反（脱税）およびFCPA違反（外国公務員贈賄）といった主要なホワイトカラー犯罪は、通常は複数の州や国にまたがる取引に関係し、ほとんどが連邦法によって規律される問題となる。その結果、経済事犯を主な対象として刑事司法制度を日米間で比較しようとすると、連邦法によって規律されるレベルの企業犯罪を想定せざるを得ず、連邦法の下での運用が日本における運用との主たる比較対象となってくる。

　以上の理由から、本書では、特に断らない限り、米国法に関する記述は連邦法を前提として行い、州法については特に必要がない限り言及しない。

2　コモン・ローと制定法の関係

　米国は、大陸法系に属する欧州諸国と異なり、コモン・ローを許容する英米法系の法体系に属する。これを刑事処罰との関係で見れば、窃盗や殺人等、歴史的に誰が見ても犯罪と考えられてきた行為については、立法府が定めた制定法がなくとも、判例法として確立したコモン・ローを根拠として処罰することができるということである。コモン・ローを根拠として処罰することができる犯罪は、コモン・ロー上の犯罪（common-law crime）などと呼ばれ、その構成要件も基本的に判例法によって定められる。

　ただし、同じ事項についてコモン・ローと立法府の定めた制定法が競合する場合は、基本的に制定法が優先する。したがって、コモン・ロー上の犯罪についても、立法府が特に制定法を定めたときは、（制定法の内容が違憲無効であるといった事情がない限り）制定法によって法規制の内容が上書きされること

44　第2部　現代的司法取引の誕生と発展——経済事犯に見る米国の司法取引

になる。

　以上のように、コモン・ローと制定法の関係は法制度の観点からは非常に興味深いテーマであるが、主に以下の2つの理由から、今日ではほとんど問題になることはない。

　第1に、コモン・ロー上の犯罪についても、近年では制定法によって構成要件の内容を上書きするケースが多いためである。窃盗や殺人といった自然犯についても、例えば第1級殺人や第2級殺人といった形で、制定法によってより細かく構成要件と刑罰の内容を定めることが珍しくない。このため、刑事処罰の根拠法としてコモン・ローを用いなければならない機会はもはや限られる結果となっている。

　第2に、社会の複雑化に伴い、近年ではコモン・ロー上の犯罪に当たらない犯罪の重要性が増しているためである。コモン・ロー上の犯罪は、基本的には窃盗や殺人といった自然犯のみを対象としている。反トラスト法違反（カルテル）、税法違反（脱税）およびFCPA違反（外国公務員贈賄）といった自然犯とはいいがたい犯罪は、コモン・ローではなく制定法が作られることによって初めて処罰可能な犯罪となる。これらの犯罪については、犯罪の成否を検討する上でもはやコモン・ローの出番はなく、もっぱら制定法が検討の対象となる。

　以上の理由から、本書を読み進める上では、コモン・ローの存在はひとまず忘れてもらって差支えない。本書における検討の主眼であるホワイトカラー犯罪は、基本的に制定法が支配する領域である。

3　軽罪と重罪

　米国では、基本的に全ての犯罪が「軽罪」(misdemeanor)か「重罪」(felony)のいずれかに分類される。この軽罪・重罪という区分は、もともとは英米法系の国で伝統的に用いられていたものであるが、本家の英国ではすでに廃止されている。どのような犯罪が重罪に当たるかは州によって若干異なるが、連邦法では、他に特段の定めがない限り、死刑または長期1年を超える自由刑が科さ

第1章　米国の刑事司法制度の基礎　　45

れ得る犯罪が重罪に当たり、それ以外は軽罪に当たるとされている[*2]。

　軽罪と重罪という区分は、以下のような場面で実際に意味を有する。

　第1に、重罪（felony）に当たる行為をしたことが犯罪の構成要件に組み込まれていることがある。Felony murder（重罪謀殺）と呼ばれるものがその典型であり、重罪（felony）を犯す際に人を死亡させた場合、殺意がなくても刑がより重い謀殺（重罪謀殺）として処断するといった犯罪類型が存在する。

　第2に、連邦法上の重罪に当たる行為を処罰しようとする際には、合衆国憲法の定めにより、起訴（indictment）が大陪審の判断によってなされる必要がある。

　合衆国憲法第5修正は、「何人も、……大陪審の告発または起訴によらない限り、死刑または不名誉刑を科される犯罪の責を負わされることはない」[*3]旨を定める。いかなる刑が不名誉刑（infamous punishment）に当たるかは時代とともに変わり得るとされているが、連邦法上の重罪に対する刑はこれに当たると解されている[*4]（なお、重罪に当たる行為を処罰しようとする際には大陪審による起訴（indictment）によらなければならないという合衆国憲法上のルールは、連邦政府に対してのみ適用され、州政府が刑罰権を行使する際には適用がない[*6]）。したがって、連邦法上の重罪に当たる行為を処罰しようとする際には、検察官による起訴（information）ではなく大陪審の判断による起訴（indictment）が必要ということになる。

　なお、本書で検討の対象とする企業犯罪に該当する犯罪は、そのほとんどが重罪に該当する。また、それらの企業犯罪は連邦法によって規律される事項で

＊2　18 U.S.C. 3559.

＊3　原文は次の通り。"No person shall be held to answer for a capital, or otherwise infamous crime, unless on a presentment or indictment of a Grand Jury".

＊4　Ex parte Wilson, 114 U.S. 417, 427 (1885).

＊5　Mackin v. United States, 117 U.S. 348, 352 (1886).

＊6　より正確に言えば、合衆国憲法第5修正の大陪審に関する規定は連邦政府のみを名宛人としている。その上で、州政府が死刑を科され得る犯罪（当然、重罪に当たる。）に当たる行為を処罰しようとする際に大陪審の起訴によることは合衆国憲法修正第14修正のデュー・プロセス条項の必須の要請ではないことが、連邦最高裁の判例（Hurtado v. California, 110 U.S. 516 (1884)）で確認されている。

あることがほとんどである。すなわち、本書で検討の対象とする企業犯罪に該当する犯罪は、基本的には全て連邦法上の重罪に該当し、大陪審による起訴（indictment）を要することになる。

4　法人の刑事責任

　日本では、刑法を始めとする刑事実体法が行為主体として規定する「者」には、自然人だけが含まれ、法人は含まれないという立場が判例上採られている[7]。このため、法人を処罰する旨を明示する規定が特に設けられていない限り、日本では会社等の法人が刑事罰の対象とされることはない。

　これに対し、米国法[8]では、刑事実体法が行為主体として規定する「者」（"person"または"whoever"）には、別段の規定が特に設けられていない限り、自然人だけでなく法人も含むという立場が採られている[9]。

　もっとも、犯罪の中には性質上自然人しか行為主体となり得ないものもあるから、全ての犯罪について法人が刑事処罰の対象となるという結論は現実には採り得ない。また、会社等の法人の従業員が行ったあらゆる犯罪について、雇用者である法人が刑事責任を負わなければならないという結論も現実には採り得ず、いかなる場合に法人がその行為をしたといえるかという点である程度の絞りが必要になる。

　このような問題意識から、過去には、会社が刑事事件の被告人とされた事件で、会社等の法人を刑事罰の対象とする立法は、適正手続なしに会社の株主等の財産を奪うもので違憲無効であるといった主張がなされ、法人処罰の適否が争われることがあった[10]。かかる極端な主張は裁判所によって基本的に斥けら

---

*7　大判明36・7・3刑録9輯1202頁、大判昭10・11・25刑集14巻1217頁等。

*8　すでに見たように、州法とコモン・ローは検討の対象から除外するので、連邦法の制定法となる。

*9　1 U.S.C. 1. "In determining the meaning of any Act of Congress, unless the context indicates otherwise … the words 'person' and 'whoever' include corporations, companies, associations, firms, partnerships, societies, and joint stock companies, as well as individuals".

*10　例えば、New York Central R. Co. v. United States, 212 U.S. 481 (1909)。

第1章　米国の刑事司法制度の基礎　　47

れてきたが、同時に法人処罰の範囲に一定の絞りをかけるルールが判例法によって形成されてきた。

　現在では、法人が行為主体として犯罪行為を行ったことになるのは、ⓐ当該犯罪行為が法人の役員、被雇用者または代理人によってなされたものであり、かつ、ⓑ当該犯罪行為がこれらの個人に与えられた職責の範囲内で行われたものであり、かつ、ⓒ当該犯罪行為が部分的にでも法人を利する意図で行われていた、という要件を充たす場合に限られるとされている[11]。

　このように、最終的な帰結だけを見れば、日本も米国も現実的な運用に大きな違いはないといえる。ただし、特別な規定がない限り法人は刑事罰の対象とされないという立場を採る日本と、特別な規定がない限り法人は刑事罰の対象となるという立場を採る米国では、法人が司法取引の当事者となることができるかどうかという点で異なる帰結をもたらすことがある。例えば、日本では、日本の公務員に対してなされた贈賄は、法人を処罰する規定がないため、法人が司法取引（協議・合意制度）の当事者となる余地がない。これに対し、米国では、このような制約がなく、基本的にあらゆるホワイトカラー犯罪で法人が司法取引の当事者となる余地があることになる。

5　司法取引の位置付け

　広く知られているように、米国の刑事司法制度では大部分の事件が司法取引によって決着しており、陪審による正規の公判審理（Trial）が行われる事件はごく少数である。

　連邦法違反事件について見ると、2017年度は、米国全土で6万6873件が起訴されたが、そのうち6万4981件（97.2%）が有罪答弁で決着し、陪審による正規の公判審理が行われたのは1892件（2.8%）にとどまる[12]。有罪答弁で決着した6万4981件のほとんど全てが、司法取引（より正確には、自己負罪

---

*11　例えば、United States v. Agosto-Vega, 617 F.3d 541 (1st Cir. 2010)。
*12　連邦量刑委員会（US Sentencing Commission）による統計。https://www.ussc.gov/research/data-reports/geography/2017-federal-sentencing-statistics.

型の答弁取引）の結果であるとみられる。

　州についても状況は同様である。例としてニューヨーク州を見ると、2017年度は、州全域で4万2150件が起訴されたが、そのうち4万449件（96.0%）が有罪答弁で決着し、陪審による正規の公判審理が行われたのは1701件（4.0%）にとどまる。[13]

　こうした情報だけを見ると、「米国は刑事裁判まで取引で決着させる国である」といった感想を持たれるかもしれない。そのような感想は、ある程度は正しいが、全面的に正しいわけではない。

　後に第2章でも触れるが、95%以上の事件が司法取引（その大部分は自己負罪型の答弁取引）で処理されているのは、陪審による正規の公判審理の手続的負担が過重であり、全ての事件でこれを行うことが非現実的だからである。[14]日本の制度で例えて言えば、陪審による正規の公判審理は、裁判員裁判対象事件の公判手続に相当する。実際に公判廷で審理を行う前に、長い準備期間を置き、その間にディスカバリーと呼ばれる証拠開示を行い、両当事者が公判で述べるべき主張を確定し、先決事項に関する申立てと判断も済ませ、陪審員を選任した上で、初めて公判廷での審理が行われる。かかる重厚な手続を、例えば、公訴事実に全く争いがないスーパーマーケットでの万引き事件にも適用するのはどう考えても無理がある。すなわち、95%以上の事件が司法取引で処理されているのは、起訴された刑事事件の圧倒的大多数を占める軽微または争いのない事件について正規の公判審理を回避する強い必要性があるが、[15]そのためには被告人に与えられた憲法上の権利（陪審による公判審理を受ける権利や証人と対審する権利[16]）を放棄（waive）してもらう必要があり、そのためには取引という形を採らざるを得ないからに他ならない。当然ながら、被疑者・被告

＊13　http://www.criminaljustice.ny.gov/crimnet/ojsa/dar/DAR-4Q-2017-NewYorkState.pdf.

＊14　米国の司法取引制度について紹介する文献の多くは、このことを指して、自己負罪型司法取引の主たる目的は訴訟コストの軽減にあると説明する。

＊15　主に検察官にとっての必要性であるが、被告人にとっても、例えば公訴事実に全く争いがないスーパーマーケットでの万引き事件で正規の公判審理を行ったとしても、時間がかかるばかりで得られるものはほとんどないという状況に陥ることは容易に想像できよう。

＊16　いずれも合衆国憲法第6修正。

第1章　米国の刑事司法制度の基礎　　49

人としては、自分に何のメリットもないのに「あなたに与えられた憲法上の権利を放棄して、あなたに対する刑事事件の手続を簡略なものにすることに同意して下さい」という検察官の申し出に応じる理由がない。そこで、かかる申し出に応じた被疑者・被告人には、有利な量刑という一定のメリットを与えて、申し出に応じるインセンティブを与えているわけである。[*17] 後に第4章で詳しく見るように、検察官との協議の結果、被告人が自らの有罪を認める答弁（有罪答弁）をし、陪審による公判審理を受ける等の憲法上の権利を放棄した場合、裁判官によって有罪答弁の任意性等を確認する手続を経て、特に問題がなければ裁判官による量刑手続へと進み、速やかに終局判決に至ることになる。

　このように考えてみると、日本における運用と米国における運用の間にどれほど大きな違いがあるといえるかは疑問である。日本でも、起訴された刑事事件の圧倒的大多数は軽微または公訴事実に争いのない事件である。日本では、そのような事件であっても、刑事裁判に感銘力を与えるという理由で、正規の公判手続を行うことが多い。しかしながら、現実の運用上は、それらの事件は、検察官による立証は書証のみによって行われ、弁護人も検察官請求の書証の全部（または大部分）の取調べに同意を与えることにより罪体の審理は速やかに終了し、後は量刑に関する証拠として書証または少数の情状証人だけを取り調べ、おおむね1時間以内の審理で即日結審するという、ごく簡略な手続で処理されている。そして、被告人が公訴事実を自白して改悛の情を述べた場合（簡略な手続に応じたことに対する見返りという名目ではないが）、そのこと自体が、少なくとも公訴事実を争った場合と比べて、被告人に反省の情が見られるという名目で量刑上有利に考慮されている。建前はさておき、実際に起きている現象だけを見れば、日本と米国で運用上さほど大きな違いがあるように思えないが、いかがであろうか。

　さて、ここまで、起訴された事件の95%以上が司法取引で決着していること

---

*17　日本の即決裁判手続も、「あなたに対する刑事事件における手続を簡略なものにすることに同意して下さい」という検察官の申し出に応じた被疑者・被告人に、その見返りとして懲役刑等の執行猶予を保証するというメリットを与えるものであり、制度設計の発想は自己負罪型司法取引と実質的に同じであるといえよう。

50　第2部　現代的司法取引の誕生と発展——経済事犯に見る米国の司法取引

を見てきた。すでに述べたように、その司法取引の大部分は自己負罪型の答弁取引であるが、では捜査協力型の司法取引はどの程度存在するのだろうか。この疑問に答えることは実は難しい。

捜査協力型の司法取引のうち、被疑者・被告人が自己負罪型の答弁取引を行い、その合意の中に他者に対する捜査協力を約束する内容が含まれているケース（宇川論文にいう「捜査協力型の答弁取引」）は、統計上、「答弁取引により正規の公判審理が行われなかった場合」といった項目に分類されるため、純粋な自己負罪型の答弁取引の中に溶け込んでしまい、正確な数を特定することが困難である。

また、捜査協力型の司法取引のうち、被疑者が不起訴になるようなケース（宇川論文にいう「免責型の司法取引」）は、統計上、「立件されたが起訴されなかった場合」といった項目に分類されるため、司法取引がなされなかった事案の中に溶け込んでしまい、これまた正確な数を特定することが困難である。

ただ、すでに第1部（第2章3(3)）で見たように、現代的捜査協力型司法取引がなされた事例については、公表情報から件数をある程度把握でき、年間30ないし40件程度の事例が生じていることが分かる。事例の数は必ずしも多くはないが、ホワイトカラー犯罪の事案は事件規模が大きく、実際上のインパクトは数字上の見た目よりもはるかに大きい。

6 量刑ガイドライン

(1) 量刑改革法の制定

量刑ガイドラインは、米国量刑委員会（United States Sentencing Commission）が作成・公表しているガイドラインで、米国の刑事裁判手続で重要な役割を果たしている。なお、量刑ガイドラインは連邦法に基づく刑事事件のみを対象とし、州法に基づく刑事事件には適用がない。

1984年、量刑改革法（Sentencing Reform Act）という法律が連邦議会で成立した。量刑改革法が制定された背景には、当時、法定刑の幅が広く、かつ量刑手続で裁判官が極めて広範な裁量を有しているため、不均衡な量刑や、統

一性・妥当性を欠く執行猶予が行われていたとの認識がある。そこで、量刑改革法は、統一性のある量刑を実現するために、公的な機関として米国量刑委員会を設立し、同委員会に量刑ガイドラインを定める権限を与えた。最初の量刑ガイドラインは1987年11月1日から施行され、以後、ほぼ毎年改訂されている[18]。

　量刑ガイドラインの意義を強調するためによく紹介される例に次のようなものがある。1987年当時、銀行強盗に適用される法定刑は0〜20年の懲役刑と非常に幅が広く、この幅の中で裁判官が各自の裁量で最終的な刑を決めていた。しかし、これに量刑ガイドラインを適用すると、標準的な銀行強盗事件に適用される刑は78〜97月（6年6月〜8年1月）の懲役刑となり[19]、統一性と予測可能性が大幅に向上する。

(2)　量刑ガイドラインの拘束力——Booker判決

　ただ、量刑ガイドラインの拘束力には必ずしも明確でないところがあった。量刑改革法は、量刑ガイドラインが裁判官による量刑に拘束力を及ぼすものとされ、実務上も拘束力があるものとして運用されてきた。しかし、量刑ガイドラインの施行後、ガイドラインの拘束力はたびたび公判廷で争われ、2005年には（部分的ながら）連邦最高裁による違憲判断が出るに至ってしまったのである[20]。

　この事件の被告人は、「92.5グラムのコカインを所持していた」という公訴事実で起訴され、陪審による公判審理の結果、「少なくとも50グラムのコカインを所持していた」という有罪の評決を受けた（すなわち、「少なくとも50グラムのコカインを所持していた」ことについては、「合理的な疑いを超える程度の証明があった」と陪審に判断された）。

　「50グラムのコカイン所持」に対して当時の量刑ガイドラインを適用すると、

＊18　本書執筆時点における最新版は、2018年11月1日に施行されたバージョンである。

＊19　United States Sentencing Commission "Federal Sentencing: The Basics" p.4. https://www.ussc.gov/sites/default/files/pdf/research-and-publications/research-projects-and-surveys/miscellaneous/201811_fed-sentencing-basics.pdf.

＊20　United States v. Booker, 543 U.S. 220(2005).

52　第2部　現代的司法取引の誕生と発展——経済事犯に見る米国の司法取引

適用される刑は210〜262月の懲役刑となる。ところが、有罪評決後の量刑手続で、裁判官は、量刑に関連する事実として「被告人は他にも566グラムのコカインを所持していた」という事実を証拠の優越（preponderance of evidence）[*21]をもって認定した。追加の566グラムを加味した場合、量刑ガイドラインに基づく刑は360月以上の懲役刑または死刑となる。裁判官は、追加の事実を加味した量刑の範囲内で、被告人を30年（360月）の懲役刑とした。

　この事件で連邦最高裁は、拘束力のあるガイドラインの下では、本事件のように裁判官が証拠の優越で認定した事実に基づいて、陪審が認定した事実に基づくよりも重い刑を科すことが許容される結果となるが、これは陪審による裁判を受ける権利を定めた合衆国憲法第6修正に違反すると判断した。ただし、量刑ガイドラインの内容全てを否定することまではせず、量刑ガイドラインが拘束力のない「効果的な諮問」（effectively advisory）にとどまる限りでは有効とされた。

　本判決以後、量刑ガイドラインは、裁判官に対する拘束力はなく、「効果的な諮問」としての効果があるにとどまるものとされている。ただし、実際の量刑手続は、裁判所の保護観察官（probation officer）が具体的な事件に量刑ガイドラインを適用した結果をベースとして、量刑ガイドラインに書かれた刑の加重・減免事由の有無を巡って両当事者が意見を述べるという形で行われている。このため、裁判官の判断も、量刑ガイドラインの枠組みに沿った形でなされることが通常であり、量刑ガイドラインの枠組みを無視した量刑がなされることは今日ではほとんど考えがたい。

(3)　量刑ガイドラインによる刑の決定

　米国量刑委員会は、量刑ガイドラインを具体的なマニュアルとともに公表しているので、このマニュアルに沿って具体的な事情を当てはめていけば、量刑ガイドラインに基づく刑が導き出される。もちろん、刑を加重する方向または

---

*21　「合理的な疑いを超える証明」よりも低い証明水準。量刑手続では、証拠の優越が認められる程度に証明された事実であれば、全て量刑の基礎とすることができる。

軽減する方向に作用する事情に該当するかどうかを巡っては解釈が分かれる余地があり、両当事者の主張もこうした点を巡って行われることになる。実際に内容を見てみるとイメージが湧きやすいであろう。

1) 個人に対する刑

量刑ガイドラインは、連邦法上の各犯罪について、それぞれベースとなる犯行レベル（Offence Level）を定め、犯情に応じてレベルを加算・減算することにしている。

例えば、暴行の罪（Assault）については次のように定められている。

§2A2.3. Assault
(a) ベースとなる犯行レベル（Offence Level）
⑴ 7（物理的な接触を伴う暴行がなされた場合、若しくは、銃器を含む危険性の高い武器を保持し、使用されるおそれがあった場合）または
⑵ 4（その他の場合）
(b) 犯行の特徴
⑴ (A)被害者が身体に怪我を負った場合は2レベルまで加算、または(B)犯行の結果、配偶者、内縁関係にあるパートナー若しくは交際相手または16歳未満の者の身体に重大な怪我を負わせた場合は4レベルまで加算。
(c) 参照
⑴ 犯行が加重暴行罪（aggravated assault）を構成する場合は、§2A2.2. の加重暴行罪に関する規定を適用する。

各犯罪に関する規定を適用した上で、様々な調整要素を適用して最終的な犯行レベルを決定していく。例えば、被告人が5人以上の者が参加した犯行のリーダーであったときは4レベルまで加算し（§3B1.1.(a)）、被告人が犯行を自認して犯行に対する責任を引き受ける意思を示したときは2レベルまで減算（§3E1.1.(a)）といった具合である。被告人が複数の犯罪で有罪とされたときは、

54　第2部　現代的司法取引の誕生と発展──経済事犯に見る米国の司法取引

図表4 量刑ガイドラインが定める量刑表

SENTENCING TABLE
(in months of imprisonment)

	Offense Level	Criminal History Category (Criminal History Points)					
		I (0 or 1)	II (2 or 3)	III (4, 5, 6)	IV (7, 8, 9)	V (10, 11, 12)	VI (13 or more)
Zone A	1	0-6	0-6	0-6	0-6	0-6	0-6
	2	0-6	0-6	0-6	0-6	0-6	1-7
	3	0-6	0-6	0-6	0-6	2-8	3-9
	4	0-6	0-6	0-6	2-8	4-10	6-12
	5	0-6	0-6	1-7	4-10	6-12	9-15
	6	0-6	1-7	2-8	6-12	9-15	12-18
	7	0-6	2-8	4-10	8-14	12-18	12-21
	8	0-6	4-10	6-12	10-16	15-21	18-24
Zone B	9	4-10	6-12	8-14	12-18	18-24	21-27
	10	6-12	8-14	10-16	15-21	21-27	24-30
	11	8-14	10-16	12-18	18-24	24-30	27-33
Zone C	12	10-16	12-18	15-21	21-27	27-33	30-37
	13	12-18	15-21	18-24	24-30	30-37	33-41
Zone D	14	15-21	18-24	21-27	27-33	33-41	37-46
	15	18-24	21-27	24-30	30-37	37-46	41-51
	16	21-27	24-30	27-33	33-41	41-51	46-57
	17	24-30	27-33	30-37	37-46	46-57	51-63
	18	27-33	30-37	33-41	41-51	51-63	57-71
	19	30-37	33-41	37-46	46-57	57-71	63-78
	20	33-41	37-46	41-51	51-63	63-78	70-87
	21	37-46	41-51	46-57	57-71	70-87	77-96
	22	41-51	46-57	51-63	63-78	77-96	84-105
	23	46-57	51-63	57-71	70-87	84-105	92-115
	24	51-63	57-71	63-78	77-96	92-115	100-125
	25	57-71	63-78	70-87	84-105	100-125	110-137
	26	63-78	70-87	78-97	92-115	110-137	120-150
	27	70-87	78-97	87-108	100-125	120-150	130-162
	28	78-97	87-108	97-121	110-137	130-162	140-175
	29	87-108	97-121	108-135	121-151	140-175	151-188
	30	97-121	108-135	121-151	135-168	151-188	168-210
	31	108-135	121-151	135-168	151-188	168-210	188-235
	32	121-151	135-168	151-188	168-210	188-235	210-262
	33	135-168	151-188	168-210	188-235	210-262	235-293
	34	151-188	168-210	188-235	210-262	235-293	262-327
	35	168-210	188-235	210-262	235-293	262-327	292-365
	36	188-235	210-262	235-293	262-327	292-365	324-405
	37	210-262	235-293	262-327	292-365	324-405	360-life
	38	235-293	262-327	292-365	324-405	360-life	360-life
	39	262-327	292-365	324-405	360-life	360-life	360-life
	40	292-365	324-405	360-life	360-life	360-life	360-life
	41	324-405	360-life	360-life	360-life	360-life	360-life
	42	360-life	360-life	360-life	360-life	360-life	360-life
	43	life	life	life	life	life	life

（注：数字の単位は月である。また、「life」は死刑を指す。）
United States Sentencing Commission "2018 Guidelines Manual".

ガイドラインが定めるルールに従って犯行レベルを調整する。

　次に、被告人の犯歴ポイント（Criminal History Points）を決定する。例えば、被告人が過去に1年1月よりも長い懲役刑に処されたときは、1件当たり3ポイントが加算される。

　以上の流れで計算された犯行レベルと犯歴ポイントを量刑表に当てはめれば、量刑ガイドラインが求める刑の上限と下限が決まる。例えば、犯行レベルが7で犯歴ポイントが3であれば、量刑ガイドラインが求める刑は2〜8月となる。なお、量刑表におけるZone A〜Dとは、執行猶予や保護観察を認める際の基準として用いられるものである。当然ながら、Zone Aに近いほど執行猶予や保護観察が認められやすくなる。

　ここまで見てきた個人に対する刑の決め方は、犯罪の種別を問わず共通である。すなわち、殺人罪のような自然犯であろうと、インサイダー取引のようなホワイトカラー犯罪であろうと、量刑ガイドラインを適用する手順は同じである。

2） 法人に対する刑

　法人に対する罰金刑については、個人とは異なるルールが定められている。

　法人については、まずベースとなる罰金額（Base Fine）が算出される。ベースとなる罰金額は、犯行によって会社が得た利得の額を基準として算出された額と、量刑ガイドラインが犯行レベルに応じて定める基準額のいずれか大きいほうとなる。ただし、多くのホワイトカラー犯罪では、利得の額を基準として算出された額が巨額となるので、ほとんどの場合こちらが用いられる。

　次に、有責性スコア（Culpability Score）というスコアを算出する。被告人となった法人には、まず5ポイントがベースとなる有責性スコアとして付与される。そして、量刑ガイドラインが定める加算・減算要素に従ってスコアを加算・減算していく。

　例えば、被告人が1000人以上の従業員を有する会社であって、上位の従業員が犯行に関与していた場合は4ポイント加算（§8C2.5.(b)(2)(A)）、会社が証拠を破棄する等の司法妨害をした場合は3ポイント加算（§8C2.5.(e)）といっ

56　第2部　現代的司法取引の誕生と発展——経済事犯に見る米国の司法取引

図表 5　有責性スコアに応じた倍率

Culpability Score	Minimum Multiplier	Maximum Multiplier
10 or more	2.00	4.00
9	1.80	3.60
8	1.60	3.20
7	1.40	2.80
6	1.20	2.40
5	1.00	2.00
4	0.80	1.60
3	0.60	1.20
2	0.40	0.80
1	0.20	0.40
0 or less	0.05	0.20

た具合である。他方、会社が犯行時点で有効なコンプライアンス・プログラム
を構築していた場合は 3 ポイント減算（§8C2.5.(f)(1)）、会社が捜査機関への
発覚前に犯罪を自主申告し、完全な捜査協力をする等の義務を果たした場合は
5 ポイント減算（§8C2.5.(g)(1)）といった具合である。

　算出された有責性スコアに応じて、ベースとなる罰金額に乗じる倍率が上の
図表 5 のとおり定められている。

　例えば、利得の額を基準として算出されたベースとなる罰金額が3000万ド
ルで、有責スコアが 9 であれば、倍率は1.80～3.60となる。したがって、こ
の場合に量刑ガイドラインが求める罰金刑は、5400万ドル（3000万ドル×
1.80）～ 1 億800万ドル（3000万ドル×3.60）となる。

3)　量刑ガイドラインからの離脱（departure）

　以上が量刑ガイドラインに基づく刑の上限・下限の算出手順であるが、量刑
ガイドラインは、同ガイドラインから離脱（departure）してもよい（すなわち、
量刑表に書かれている刑の上限（下限）よりも重い（軽い）刑を科してもよい）
場合をいくつか定めている。

　最も代表的なものが、「捜査機関に対して相当な協力をした場合」

第 1 章　米国の刑事司法制度の基礎　　57

("substantial assistance to the authorities", §5K1.1.（個人の場合）および§8C4.1.（法人の場合））であり、検察官が、被告人による相当な協力があったと評価してその裁判所に対しその旨の申立てをした場合、離脱（departure）により、量刑ガイドラインが求める刑の下限をさらに下回る刑を科すことが可能になる。以降の説明で、「司法省が、刑の下限から50％までの軽減を認める」といった記述が何度か登場することになるが、こうしたことが実現できるのは量刑ガイドラインからの離脱を活用しているからである。

　この離脱は、頻繁に活用されている。2005年以降のデータでは、最終的な量刑が量刑ガイドラインを適用した結果の上限・下限の範囲内でなされたケースは約50％である。残りの大半は、下限を下回る方向での離脱が行われたケースであり、その多くが「捜査機関に対して相当な協力をした場合」等、被告人による捜査機関への協力を根拠とするものとなっている。[22]

＊22　United States Sentencing Commission "Federal Sentencing: The Basics" p.4. https://www.ussc.gov/sites/default/files/pdf/research-and-publications/research-projects-and-surveys/miscellaneous/201811_fed-sentencing-basics.pdf.

第2章

米国の司法取引の歴史

1 黎明期

　米国における司法取引の成り立ちについては、すでに宇川論文が綿密な解説を行っているので、ぜひそちらを参照していただきたい。本書では、主に宇川論文が扱っていない分野および時期の事情を詳しく追っていくことにするが、その前提としてある程度の基礎的な知識は必要となるので、米国における司法取引の成り立ちに関する大まかな流れをここで確認しておくことにする。

　米国でも、司法取引は当初から広く利用されていたわけではない。米国における司法取引は、19世紀初期から中期にかけて、検察官による訴追裁量権の行使に関する実務慣行として次第に広まっていったものである。司法取引（より正確には答弁取引）が控訴審裁判所の判例集に現れるようになるのは南北戦争（1861年〜1865年）後の時期であるが、この時期の裁判例は以下のように司法取引に対して否定的な見解を示すものがほとんどであった。

　例えば、1865年のテネシー州最高裁判所の判決は、司法取引の当否に関する最初の上級審裁判所判例集掲載事例とされるが、司法取引（答弁取引）を厳しく批判していることでも有名である。この事件の記録はすでに散逸してしまい、詳細な事実関係は明らかでないところがあるが、判明している限りでは、

---

*23　宇川春彦「司法取引を考える(2)」判例時報1584号（1997）27頁。
*24　ここでは、「司法取引」という言葉は、主に自己負罪型の答弁取引を指すものとして読んでいただくとよい。
*25　宇川・前掲注23論文28〜29頁。
*26　Swang v. State, 42 Tenn. 212 (1865).
*27　Albert Alschuler, "Plea Bargaining and Its History" 79 Columbia Law Review 1 (1979), p.19.

この事件の被告人は、2件の賭博行為について起訴され、罰金刑の有罪判決を受けた。ところが、この被告人は、起訴された2件以外にも8件の賭博行為をしていたにもかかわらず、検察官との取引（plea bargaining）の結果、それら8件は起訴の対象から除かれていた。

　取引の結果、2件の賭博行為だけに限定された公訴事実の記載について、裁判所は、「かかる公訴事実の記載は、我が州の司法の歴史上、先例のないものである」という表現で取引を非難するとともに、「テネシー州憲法は、全ての被告人に、あらゆる事件において、『迅速な公開法廷での審理』を受ける権利を保障しており、この権利は、いかなる欺まんやからくりによっても破られることはない」と述べて、公判審理のやり直しを命じた。

　これに続く裁判例もおおむね似たような調子であり、司法取引（答弁取引）を批判するものが相次いだ。

　もっとも、19世紀後半以降、米国が、西部劇の時代から、世界をリードする近代的な超大国の時代へと移っていく中で、新規に制定される取締法規の数も、それらの新しい立法に基づく刑事事件の数も増加し続けた。特に1919年に制定された禁酒法は、事件数の爆発的な増加をもたらした。宇川論文が紹介している統計によれば、禁酒法以前の1912年と禁酒法以後の1932年における連邦裁判所に起訴された刑事事件数を比較すると、1912年には約1万件であった事件数が、1932年には約8万件に増加し、うち約6万件が禁酒法違反事件であったとされる。[*28] よく知られているように、陪審による正規の公判審理（Trial）で有罪の評決を出すためには、陪審員の全員一致の判断によることが必要である。禁酒法は国民的なコンセンサスに基づいて制定されたものではなく、陪審員の中には当然ながら禁酒法に対して強い反感を抱いている者も含まれ得る。その結果、禁酒法違反事件が陪審による公判審理にかけられれば、禁酒法に強い反感を持つ陪審員の反対によって、全員一致の判断に至らず評決不能となる（さらには、少なからぬ数の無罪の評決がなされる）ことは避けられなかった。こうなればもはや容易に予測できるように、禁酒法違反事件の大半

＊28　宇川・前掲注23論文31頁。

第2部　現代的司法取引の誕生と発展——経済事犯に見る米国の司法取引

は司法取引（答弁取引）によって、陪審による公判審理を回避して処理する以外に現実的な選択肢はない。

ただし、すでに見たように、上級審裁判所の裁判例は、取引（plea bargaining）によって被疑者・被告人に憲法上の権利を放棄させることを、厳しく批判してきた。しかしながら、もはや取引によって陪審による正規の公判審理を回避しない限り、現実の事件処理は立ち行かない状態となっていた。その結果、第一線で事件処理に当たる裁判官は、被告人が検察官との取引の結果として自らの有罪を認める有罪答弁をしていることを事実上知りながら、取引などなされていないという建前を打ち出して答弁の任意性を判断していたとされる。この辺りの事情は、宇川論文の次の記述を引用するのが最も端的な説明となろう。

　　以上のような経緯に照らせば、司法取引による有罪答弁の適法性について一種の後ろめたさがついて回るのは当然のことであった。中でも、法律的に最も問題と考えられるのは、「寛大処分という約束または利益誘導」の存在が、答弁の任意性を失わせるのではないかという点である。

　　その結果、一九六〇年代ころまでの有罪答弁の手続においては、以下のような儀式がとり行われていたといわれる。

　　「（プリー・バーゲニングは）、従来、合法性の必ずしも明らかでない実務上の慣行として存在し、その存在は広く知られていたにも拘わらず、裁判所は、これを――穏やかな形で――無視するという態度をとってきました。すなわち、誰もが実情を知りながら、有罪の答弁がなされた場合には、裁判官は、一応、被告人に、それは何らかの約束ないしは利益誘導とひきかえになされたものではないかと尋ね、被告人の方でも、これに対し、予め指示されたとおり、否と応えるのが通例の手続であったのです」[29]。

長く続いたこうしたイレギュラーな状態が一応解消することになるのは、

＊29　宇川・前掲注23論文33頁。

1970年代のことである。最も重要な契機は、1970年に出された連邦最高裁の
ブレイディ事件における判決である。[*30]

　この事件の被告人は、共犯者とともに誘拐行為を行ったとして起訴されたが、
当初は有罪答弁をせず、自分は無罪であるという答弁をして争う姿勢を示して
いた。ところが、共犯者がすでに有罪を認める答弁をし、被告人に不利な供述
をしていることが分かり、被告人は、このままでは自分が死刑になるおそれが
あると考えて、有罪答弁をして少しでも刑を軽くしようと考えた。第一審の裁
判官は、被告人の有罪答弁の任意性を確認した上で、陪審による公判審理を経
ずに量刑手続を行い、被告人に対し懲役50年の判決を下した。ところが、判
決後、被告人側が、有罪答弁は任意性を欠くものであった旨の異議申立てをし
たため、有罪答弁の任意性の問題が上級裁判所で審理されることになったもの
である。

　この事件で連邦最高裁は、被告人による有罪答弁が、重い刑（死刑）を回避
するためになされたものであっても、被告人は、弁護人の助言の下に、かかる
答弁をすることによって生じる帰結を正しく認識して有罪答弁をすることを選
択したものであり、答弁の任意性を欠くことにはならないと判断した。

　この事件は、上記のように、あくまでも被告人が重い刑を避けるために行っ
た答弁が心理的な強迫に基づくものではないかという点に関するものであり、
司法取引（plea bargaining）の適否に関するものではない。しかし、この事
件における判示を前提とすれば、現実に広く行われている司法取引もまた適法
となることは、もはや決まったようなものであったといえよう。

　現に、この翌年（1971年）に出されたサントベロ事件における連邦最高裁
の判決は、司法取引（plea bargaining）をほぼ全面的に肯定するに至った。[*31]

　この事件は次のようなものであった。被告人は、第1級賭博罪および第1級
賭博記録所持罪で起訴された。その後、被告人と検察官の間で司法取引（plea
bargaining）が行われた結果、被告人は第2級賭博記録所持罪（第1級よりも

＊30　Brady v. United States, 397 U.S. 742 (1970).
＊31　Santobello v. New York, 404 U.S. 257 (1971).

刑が軽い）について有罪答弁を行い、検察官はそれ以外の行為の罪責を問わず、被告人に対する求刑も行わないという合意がなされ、被告人は合意にしたがって有罪答弁を行った。ところが、諸事情でその後の手続が遅れる中で、担当検察官が交代し、新しい検察官が合意に反して被告人に対し懲役1年（第2級賭博記録所持罪の上限法定刑）を求刑してしまったものである。

　第一審の裁判官は、自らが行った量刑は検察官による求刑の影響を受けて（不当に重く）なされたものではないと述べた。しかし、連邦最高裁は、答弁取引が現実に果たしている機能を肯定した上で、答弁が検察官による約束または合意に相当程度依拠してなされたものであるときは、答弁を受け入れるに際して、検察官による約束または合意の履行が確保されるための措置が講じられなければならないとして[32]、事件を第一審に差し戻す判断をした。

　サントベロ事件のこの判決が出たことによって、長年イレギュラーな実務慣行として継続してきた答弁取引が、ようやく建前上も肯定されることになった。

　その後、1975年には、連邦刑事訴訟規則（Federal Rules of Criminal Procedure）が改正され、その11条に答弁取引に関する規定が追加されることになった。そこでは、検察官と被告人が（裁判所の関与しないところで）答弁に関して取引ができることが明記されるに至った[33]。その代わり、連邦刑事訴訟規則は取引の透明性を高める措置を講じることとした。現在の連邦刑事訴訟規則では、検察官と被告人は、原則として、取引の結果なされた合意（plea agreement）の内容を裁判官に対し公開の法廷で開示しなければならず[34]、必要があれば裁判官は合意を許容することを拒否できるものとされている[35]。

　このように、米国における司法取引は、主に正規の公判審理（Trial）を回避するための答弁取引という実務慣行として始まり、後ろめたさを伴いながら拡大していったが、ようやく1970年代に入って建前上も肯定されるに至ったものである。なお、本書におけるここまでの記載は、以後の検討に必要なエッ

＊32　Santobello v. New York, 404 U.S. 257, 262 (1971).
＊33　連邦刑事訴訟規則11条(c)(1)。
＊34　連邦刑事訴訟規則11条(c)(2)。
＊35　連邦刑事訴訟規則11条(c)(3)。

センスのみを整理したものであり、実際には書かれざる様々な動きが存在していた。この辺りは宇川論文にまとめられているので、ぜひ宇川論文を参照していただきたい。[36]

2　企業の訴追協力を促す仕組みの誕生──リニエンシー制度

　さて、宇川論文における米国司法取引の歴史に関する記述は、1971年のサントベロ事件判決が「司法取引の意義を高らかに宣言し」[37]、1975年に連邦刑事訴訟規則が改正され、司法取引が認知されるに至ったところで終わっている。しかし、本書の検討の主眼となる「ホワイトカラー犯罪における司法取引」の歴史は、そこからようやく始まる。

　司法取引（答弁取引）がようやく建前上も認知されるに至ったちょうどその頃（1970年代前半）、米国では、カルテル（ここでは、「複数の競争事業者間で互いに競争を制限することを合意する行為」くらいに理解しておけば足りる）の弊害に対処するため、反トラスト法を用いてカルテルを刑事事件として立件し、個人の刑事責任を追及することによってカルテルの抑止を目指す方針が確立した。その重要な布石として、1974年12月に「反トラスト手続及び処罰法」（Antitrust Procedures and Penalties Act）が成立し、同法によって、カルテルに代表される反トラスト法違反行為に科される禁錮刑の上限が1年から3年に引き上げられた。また、罰金の上限も、従前は個人・法人を問わず5万ドルとされていたのが、法人については100万ドル、個人については10万ドルと大幅に引き上げられた。禁錮刑の上限が1年を超える水準に引き上げられたということは、従前は軽罪（misdemeanor）であった反トラスト法違反行為が重罪（felony）に昇格したことを意味する（第1章3参照）。これに伴いカルテルに対する法執行も活発になり、この頃から、カルテルに関与した個人に実刑判決が科されるケースも増加していく。

＊36　宇川・前掲注23論文27頁。
＊37　宇川・前掲注23論文35頁。

64　第2部　現代的司法取引の誕生と発展──経済事犯に見る米国の司法取引

ところが、カルテルが重罪として刑罰の対象になるという認識が広まるにつれて、カルテルに参加する者も、大っぴらにカルテル行為を行うことはしなくなり、限られたメンバーでのみ秘密裏に会合を行い、メモ等の物証もできるだけ残さないようになる。カルテルは、限られたメンバーの間で秘密裡に会合を行うという形で行われ、数ある犯罪の中でも密行性が特に高い犯罪である。

　また、他の犯罪のように、外形的な結果から犯罪行為の存在を推知することも容易ではない。例えば、銃弾を打ち込まれた人間の死体が発見されたという外形的事実があれば、そのことから（よほど特殊な事情がない限り）殺人罪に当たる行為が行われたことが推知できる。しかし、複数の事業者が同時期に商品の価格を引き上げたとしても、経済情勢に応じてたまたま同時期に値上げが集中して発生しただけかもしれず、同時期に値上げが生じたという外形的事実だけをもってこれらの事業者間でカルテルがなされたと直ちに判断することは難しい。ましてや、カルテルがなされたことを「合理的な疑いを超える程度」(beyond the reasonable doubt) に立証するためには、カルテルの実行行為、すなわち通常は複数の事業者間の秘密会合について知る者の証言がどうしても必要になる[38]。そして、秘密会合について知る者とは、より端的にいえば秘密会合の参加者のことに他ならない。

　当然ながら、秘密会合の参加者は、自らもカルテルに参加した共犯者であり、自らに何のメリットもないのに、憲法上認められた自己負罪拒否特権[39]を放棄して検察官に有利な証言を提供することは考えにくい。そこで、これらの者にカルテルについて証言させるための手法として、刑事免責や司法取引が活用されるようになる。

　最初のうちは、カルテルに関与した個人のうち、比較的有責性の小さい者を

＊38　必要な証拠を獲得する手段としては、おとり捜査による秘密会合の隠し撮りや、カルテルへの関与が疑われる個人の自宅への捜索等もあり得る。もっとも、これらの手法は州によっては許容されていないところもある上、いずれにしても捜査機関が捜査の端緒を獲得した後でないと行うことが難しい。2004年11月22日に司法省の担当者によってなされたスピーチ ("Cornerstones Of An Effective Leniency Program" (https://www.justice.gov/atr/speech/cornerstones-effective-leniency-program)) を参照。

＊39　合衆国憲法第５修正。

選んで刑事免責や司法取引による恩典を付与し、必要な証言を得ることが行われてきたようである。しかし、こうした手法は、捜査当局が幸運にもカルテルの存在を察知することができた事案では有用であるが、すでに見たように、カルテルは密室で行われる密行性の高い犯罪であり、かつ、外形的事実からその存在を察知することも容易ではない。捜査機関にとっては、カルテルの存在を察知することができるかどうか（言い換えれば、捜査の端緒を得ることができるかどうか）がむしろ重要な関門となっていた。

　この問題に対処するために、1978年に司法省反トラスト局が発表したのが、リニエンシー・プログラム（免責方針）と呼ばれる仕組みである。リニエンシー・プログラムは、カルテルに関与した者に、カルテルの存在と内容について捜査当局への自発的な申告を促すものであり、捜査機関に発覚する前に自発的に申告してきた者については、同人に対する刑事罰の減免を真摯に考慮するというものである。このプログラムは、司法省反トラスト局による、司法取引の運用方針として公表された。1978年の時点では、検察官と被疑者・被告人の取引（plea bargaining）は建前上もすでに認知されており、捜査機関も取引の存在を前提として、その運用方針を公表することが可能になっていた。

　取引による恩典を予め示すことにより、捜査当局への発覚前に違反行為者自身による犯罪行為の自主申告を促すというこの仕組みは、主要国における正式な制度としてはおそらく世界で初めての試みであり、その歴史的な意義は大きい。もっとも、1978年に始まったこのプログラムは、現実にはあまり機能していたとはいえず、申請は年に平均1件程度しかなく、申請が国際カルテルや国内の大規模カルテルの摘発に結びついたこともなかったとされる[40]。これは、1978年のプログラムには以下のような問題点があったためである[41]。

＊40　1978年から1993年までの15年間にリニエンシー・プログラムに基づく申請をした事業者は17社しかなかったという。Anne Bingaman "Report From The Antitrust Division, Spring 1994 ~ Friday, April 8, 1994", https://www.justice.gov/atr/speech/report-antitrust-division-spring-1994.

＊41　OECD Working Party No. 3 on Co-operation and Enforcement "Roundtable on challenges and co-ordination of leniency programmes - Note by the United States" (2018) p.2, https://www.ftc.gov/system/files/attachments/us-submissions-oecd-other-international-competition-fora/leniency_united_states.pdf.

第1に、1978年のプログラムでは、司法省に発覚する前にカルテルを自主申告したとしても、それによって刑の減免が受けられることが保証されていなかった。刑を減免するかどうかは司法省の裁量にかかっていて、会社（または会社に助言する立場にある弁護士）が、せっかく社内で違反行為の存在を把握しても、司法省に自主申告することを躊躇せざるを得ない原因となっていた。

　第2に、司法省による捜査が開始された後は、申請を一切行うことができない仕組みとなっていた。捜査が開始されたとしても、まだ捜査機関が把握していない有用な情報を会社が持っていることは十分にあり得る。それにもかかわらず、捜査が開始されたというだけで申請の途を閉ざすことには合理性がないという批判があった。また、司法省による捜査がいつ開始されたかは、申請を検討している会社にとって必ずしも明らかではない場合がある。[42]　会社としては、せっかく違反行為を自主申告したとしても、すでに司法省内で捜査が始まっていた場合には、申請が認められる余地がなく、かえって藪をつついて蛇を出す結果に終わるおそれがあった。

　司法省反トラスト局は、これらの問題点を踏まえてリニエンシー・プログラムの内容を再検討し、1993年8月10日、1978年のプログラムを改訂した新しいリニエンシー・プログラムを公表した。1993年は、それまで12年間続いた共和党政権の時代が終わり、民主党のクリントン政権が誕生した年であった。1993年のプログラムは、「本来であれば、12年間の共和党政権下の反トラスト政策との相違を強調すべく、大々的に宣伝されてもよさそうなものだが、比較的ロー・キーでスタートしている。おっかなびっくりのスタートと言えるかもしれない。あるいは、その効果の大きさに驚いたのは反トラスト局自身であったかもしれない。」[43]

　1993年のプログラムは、1978年のプログラムの問題点を踏まえて、以下のような変更を加えている。

---

*42　司法省反トラスト局の捜査には、予備審査という内部での手続だけが行われる段階があり、予備審査がすでに始まっているかどうかは外部からは知り得ないためである。上杉秋則・山田香織『リニエンシー時代の独禁法実務』（レクシスネクシス・ジャパン、2007年）21頁。
*43　上杉・山田・前掲注42書30頁。

第1に、自主申告したとしても刑の減免が保証されていなかったという問題点を踏まえて、司法省による捜査が開始される前になされた申請であって、以下の6つの要件を充たすものについては、訴追免除を保証することとした。

【捜査開始前のリニエンシー申請の6要件】
① 申請がなされた時点で、司法省が他の情報ソースから当該違反行為に関する情報を得ていなかったこと。
② 申請にかかる違反行為を発見した後、会社が違反行為を終了させるために有効な措置を速やかに講じたこと。
③ 申請を行った会社が、捜査が行われている間一貫して、司法省に対する完全な協力を継続すること。
④ 申請が、従業員個人の単独判断ではなく、会社の行為として行われたものであること。
⑤ 可能である場合は、申請を行った会社が、被害者に対する被害回復を行うこと。
⑥ 申請を行った会社が、当該違反行為への参加を他者に強制しておらず、当該違反行為を主導したものでもないことが明らかであること。

　第2に、捜査開始後の申請を一律に遮断することには合理性がないという考えに基づき、司法省による捜査が開始された後に申請がなされた場合でも、以下の7つの要件を充たす場合には申請を認めることとした。もちろん、捜査開始後は司法省が違反行為についてすでに一定の証拠を入手していることが多いため、捜査開始前の申請と比べて要件が加重されている。

【捜査開始後のリニエンシー申請の7要件】
① 申請を行った会社が、当該違反行為に関する最初のリニエンシー申請者であること。[*44]

＊44　すなわち、捜査開始の前後を通じて、ある違反行為についてリニエンシー申請による免責を

② 会社が申請を行った時点で、司法省が、当該会社に対する有罪を維持する
　だけの証拠を得ていなかったこと。

③ 申請にかかる違反行為を発見した後、会社が違反行為を終了させるために
　有効な措置を速やかに講じたこと（捜査開始前の要件②に対応）。

④ 申請を行った会社が、捜査が行われている間一貫して、司法省に対する完
　全な協力を継続すること（捜査開始前の要件③に対応）。

⑤ 申請が、従業員個人の単独判断ではなく、会社の行為として行われたもの
　であること（捜査開始前の要件④に対応）。

⑥ 可能である場合は、申請を行った会社が、被害者に対する被害回復を行う
　こと（捜査開始前の要件⑤に対応）。

⑦ 犯行の性質、申告を行った会社の犯行における役割および申告のタイミン
　グを考慮して、その会社に免責を与えることが他の当事者にとって不公平と
　ならないと司法省が判断すること。

　1993年のリニエンシー・プログラムは、1978年のプログラムと異なり、導入直後から活発に利用された。すでに見たように、1978年のプログラムに基づく申請は平均年1件程度にとどまっていたが、1993年のプログラムは、1993年8月の導入後、1994年3月までの8カ月間だけで9件の申請がなされたという。[45] 1978年のプログラムと比べて、1993年のプログラムのほうが、申請者となる会社にとって予測可能性が高く、申請のインセンティブを与えてくれる仕組みであったことは疑う余地がない。

　1993年に導入されたこの現行のリニエンシー・プログラムは、1990年代から2010年代にかけて、国際カルテルを含む大規模なカルテルの摘発に絶大な効果を発揮した。1990年代後半以降、司法省反トラスト局が摘発したカルテル事件の90％以上で、リニエンシー申請者による捜査協力がなされていたとさ

　受けることができるのは1社に限られる。

*45　Anne Bingaman "Report From The Antitrust Division, Spring 1994 ~ Friday, April 8, 1994", https://www.justice.gov/atr/speech/report-antitrust-division-spring-1994.

れる。また、2010年頃には、司法省反トラスト局は常時50件近くの国際カル
テル事件を抱えていたが、その半分以上はリニエンシー申請者による情報提供
を捜査の端緒または重要な資料としていたとされる。その後、2010年代には、
司法省反トラスト局をして「歴史上最大のカルテル捜査」と言わしめた一連の
自動車部品カルテルが芋づる式に摘発され、多数の日系自動車部品メーカーが
訴追され、それらの会社の多数の従業員が実刑判決を受けて米国の刑務所に服
役することになったことは、日本でも盛んに報道されたところである。

　米国における成功を受けて、1996年にEU（正確には、当時はEuropean
Communities（EC））がリニエンシー制度を取り入れたのを皮切りに、リニエ
ンシー制度は米国以外の法域でも急速に取り入れられていく。日本でも、
2005年の改正独禁法で課徴金減免制度として導入され、2006年1月4日から
施行されている。導入前は、「仲間を売るような行為は日本の文化にそぐわず、
課徴金減免制度は日本では定着しないだろう」などと言われていたが、施行直
後から多数の申請が行われ、年に100件近くの安定した申請が今日までなされ
ている。「日本の文化にそぐわない」といった趣旨の批判は、今日でも協議・
合意制度に対する批判としてたまに目にすることがあるが、課徴金減免制度の
導入前後の経緯を見れば、このような抽象的な批判が何ら実質的な内容を伴わ
ないものであることは明らかであろう。

　なお、1978年に導入された米国のリニエンシー・プログラムが、当初は司
法取引（取引的に行う訴追裁量権の行使）の運用方針として定められたもので
あることはすでに見たとおりであるが、1993年に導入された現行のリニエン
シー・プログラムが純然たる司法取引といえるかどうかは、やや悩ましいとこ
ろである。少なくとも捜査開始前の申請については、先述した6つの要件が充
たされれば自動的に訴追免除の恩典が与えられる仕組みとなっていることから、
もはや「取引」としての性格は失われているようにも思われる。

---

*46　Scott Hammond, "The Evolution of Criminal Antitrust Enforcement Over the Last Two
　　Decades", https://www.justice.gov/atr/file/518241/download, p.3.
*47　前掲注46。
*48　現に、上杉・山田・前掲注42書37頁は、米国のリニエンシー制度は、取引の要素を取り除い
　　たからこそ、司法取引の伝統のない国でも受け入れられたと説明している。

これはもはや言葉の定義の問題かもしれないが、本書では、以下の理由から、米国のリニエンシー・プログラムはやはり司法取引の一種であると捉えることにする。第1に、リニエンシー・プログラムは、他の司法取引と同様に、検察官が有する訴追裁量権の行使の自制を通じて実現されるものであり、その形式は現在も維持されている。第2に、要件を充たす限り自動的に訴追免除の恩典が与えられるとはいえ、リニエンシー申請をした会社は、司法省に対する継続的な捜査協力の提供等の義務を果たして初めて免責の恩典を受けることができるのであり、すでに第1部（第1章3(4)）でも検討したように、最終的に与えられる恩典は、自動的に与えられるものというよりは、そこに至るまでの過程における当局との実質的な協議の結果という側面が強いように思われる。

3　企業の捜査協力を促す仕組みの定着──「企業訴追の諸原則」

⑴　ホワイトカラー犯罪との戦いの本格化

　ここまで見たように、対象犯罪がカルテルの罪に限られていたとはいえ、密行性の高いホワイトカラー犯罪について、犯罪を察知した会社に捜査当局へ自主申告させようとする仕組みは、1978年に米国で第一歩が踏み出され、1990年代から捜査の端緒と証拠を獲得する捜査手法として定着し、米国以外の法域にも広がっていった。カルテルの罪に関するこの動きを後追いする形で、カルテル以外のホワイトカラー犯罪についても、犯罪を察知した会社に捜査当局への自主申告を促す仕組み、すなわち本書で現代的司法取引と呼ぶ形の司法取引が採用され、広がっていくことになる。

　1990年代は、米国司法省にとって、カルテルを始めとする大規模かつ国際的なホワイトカラー犯罪との戦いが本格的に始まった時期といえる。この時期、米国司法省は、化学産業分野でいくつかの大規模なカルテルを摘発したが、それらの摘発を通じて明らかになったのは、国際的に事業活動を行う大会社によるホワイトカラー犯罪が蔓延し、社会に多大な害悪をもたらしているという現実であった。

　2000年4月6日にワシントンD.C.で開催された全米法曹協会（American

Bar Association）反トラスト法部門（Section of Antitrust Law）の定例全体会合で、司法省反トラスト局長が、「現実に起きているカルテルの内実：国際カルテルに共通する特徴[50]」という題で講演を行った。この講演の中で司法省は、驚くべきことに、実際のカルテル事件（リジンカルテル事件）で証拠として収集された映像・音声を上映したのである[51]。これらの映像・音声は、司法省が捜査協力者を使っておとり捜査を行い、カルテルの秘密会合や電話による秘密通話の内容を録画・録音したものである。そこには、リジンを製造販売する各国の主要メーカーの営業担当者[52]が、競争当局の目をかいくぐって定期的に高級ホテルで秘密会合を行い、本来は顧客との交渉によって決まるべき商品の全世界における価格が、メーカー同士の共謀によって違法に取り決められる様子が生々しく記録されていた。また、「（最近は競争当局による規制が厳しいので）ホテルを出るときも別々に出るようにした方がよい。」とか、「（次の秘密会合をハワイで行うという案に対して）ハワイは（カルテルに対する規制が厳しい）米国の領域なので、避けた方がよい。マウイの方がよい。」など、競争当局の目をかいくぐって秘密会合を行うために様々な工夫がなされている様子も記録されていた。

　また、同じく1990年代に摘発されたビタミンカルテル事件は、その被害の大きさもさることながら、その悪質性でも司法省の目を引くことになった[53]。

＊49　毎年春にワシントンD.C.で開催されるこの定例全体会合は、"Spring Meeting"と呼ばれ、米国だけでなく全世界から独占禁止法／競争法を扱う弁護士や政府関係者が一堂に会する一大イベントである。

＊50　"An Inside Look At A Cartel At Work: Common Characteristics Of International Cartels".

＊51　司法省のウェブサイト（https://www.justice.gov/atr/speech/inside-look-cartel-work-common-characteristics-international-cartels）に、講演の記録が残されており、その中に上映された録画・録音の逐語録も含まれている。また、「lysine cartel movie」といったキーワードでインターネットを検索すれば、現在でも動画投稿サイトで実際の映像の一部を見ることができる。

＊52　日本企業の従業員も、主要な参加者として複数登場する。

＊53　この事件でHoffmann-La Roche社は、米国で5億ドルの罰金を支払った。この罰金額は、1999年当時、1社に対して科された罰金としては史上最高額であり、2012年に同じく5億ドルの罰金を科された会社が現れるまで、長く罰金額上位リストの第1位を占め続けた。1984年にできた制定法（18 U.S.C. 3571(d)）により、会社に対する罰金額は、犯罪行為から得た利得をベースとして算出することが認められている。すなわち、罰金額が高額であるということは、そ

スイスのHoffmann-La Roche社は、同じ時期に摘発された別のカルテル事件（クエン酸カルテル事件）でも捜査を受けたが、その中で同社のアメリカ地域担当取締役が司法省による事情聴取を受け、ビタミン剤についてはカルテルの会合をしたことはない旨の供述をしていた。ところが、さらなる捜査の結果、同社の従業員は実は定期的に他のビタミン剤のメーカーとカルテルの会合を行っており、事情聴取を受けた取締役もその事実を知っていたが、その事実を隠蔽することを社内で取り決め、司法省の事情聴取に対して故意に虚偽の供述をしていたことが明らかになった。[54]大企業によるホワイトカラー犯罪の根深さは、司法省の予想を上回るものであった。企業によるホワイトカラー犯罪がもたらす影響の大きさとその根の深さは、2000年代に入って発覚したエンロン事件やワールドコム事件によって、間もなく世間にも広く知られるところとなる。

(2) 「企業訴追の諸原則」の策定──ホルダー・メモ

　1990年代に摘発されたこれらの事件を経て、1999年頃から、司法省は企業によるホワイトカラー犯罪を積極的に摘発する動きを強めていく。その契機が、すでに第1部でも触れた「企業訴追の諸原則」（"Principles of Federal Prosecution of Business Organizations"）[55]の公表である。「企業訴追の諸原則」は、企業の訴追に際して考慮すべき要素を解説したガイドラインであり、当時の司法省副長官（Deputy Attorney General）であったエリック・ホルダー（Eric Holder）氏が発した1999年6月16日付の通達（Memorandum）[56]で策定された（以後、「企業訴追の諸原則」は何度か改訂されるが、改訂はその時の司法省副長官が発する通達によって行われるため、ある時点における「企業訴追の

　れだけ犯罪による利得（カルテルの場合、不当な値上げにより消費者が被った損失に等しい。）が大きかったことを意味する。

[54]　この取締役が後日司法省と結んだ合意（Plea Agreement）を参照。https://www.justice.gov/sites/default/files/atr/legacy/2006/04/10/sommer.pdf.

[55]　1999年に公表された時点では"Federal Prosecution of Corporations"という名称であったが、後に"Principles of Federal Prosecution of Business Organizations"という名称に改められた。

[56]　https://www.justice.gov/sites/default/files/criminal-fraud/legacy/2010/04/11/charging-corps.PDF.

第2章　米国の司法取引の歴史　　73

諸原則」は、通達を発した司法省副長官の名前を冠して呼ばれることが多い。例えば、1999年に策定された「企業訴追の諸原則」は、通称「ホルダー・メモ」と呼ばれる）。

　ホルダー・メモは、企業の訴追に際して、個人に対する訴追とは異なり特に考慮すべき要素として、以下のような点を挙げる。[*57]

【ホルダー・メモが掲げた8つの要素】

①　犯罪の性質や悪質性（社会にもたらした害悪のおそれも考慮の対象に含む。また、特定の犯罪類型に適用される政策や優先事項がある場合は、それらも考慮の対象に含む。）

②　会社内における不正の蔓延度（過去に刑事、民事または行政規制上の措置が採られているときは、それらも考慮の対象に含む。）

③　会社における同種行為の遍歴（過去に刑事、民事または行政規制上の措置が採られているときは、それらも考慮の対象に含む。）

④　会社による適時かつ任意になされた不正の開示および捜査に対する協力の意思表示（必要となる場合には、弁護士・依頼者間秘匿特権および職務活動の成果に対する特権の放棄がなされることも考慮の対象に含む。）

⑤　会社内におけるコンプライアンス・プログラムの存在および適切性

⑥　会社による問題是正措置（効果的なコンプライアンス・プログラムの導入や既存のコンプライアンス・プログラムの改善、有責役員の退任、不正に関与した者に対する懲戒または解雇、被害弁償の実施および政府機関に対する協力も考慮の対象に含む。）

⑦　派生的な結果（犯罪行為について責を負わない株主や従業員に生じた悪影響を考慮の対象に含む。）

⑧　刑事事件以外で採られた措置（例えば、民事または行政規制上採られた措置）の適切性

＊57　なお、証券取引委員会（SEC）も、2001年に"Seaboard Report"と通称されるガイドラインを公表し、捜査協力と問題の是正に積極的に取り組んだ企業に対しては処分の減免を認める方針を示している。https://www.sec.gov/litigation/investreport/34-44969.htm.

ホルダー・メモの特徴は以下のように整理できよう。

第1に、個人に対する訴追の場合とは異なる考慮要素として、企業による犯罪の自主申告および捜査協力に重きを置いている（上記8要素の④を参照）。

第2に、犯罪によって生じた悪影響を是正するために企業が講じた措置の内容を評価することとしている（上記8要素の⑤および⑥を参照）。

このように、ホルダー・メモは、企業の訴追に際して捜査協力や問題是正措置を考慮するという枠組みを作ったが、あくまでもこれらは検察官が企業を起訴するかどうかを判断する際の考慮要素に過ぎなかった。別の言い方をすれば、ホルダー・メモが定めた枠組みの下でも、検察官が採り得る選択肢は、その企業を起訴するか、起訴しないかのいずれかしかなかったということである。

⑶　第3の選択肢（DPA）の必要性──アーサー・アンダーセン事件

その後間もなく、この枠組みでは企業を訴追する際に不都合が生じる場合があることが明らかになる。すでに第1部でも見たように、2002年、エンロン事件の余波で、当時世界有数の監査法人であったアーサー・アンダーセンが破綻するという事件が起きた。アーサー・アンダーセンは、顧客であるエンロン社の粉飾決算が発覚した際、エンロン社に関係する大量の資料を破棄したとして、司法妨害（obstruction of justice）の疑いで捜査の対象になった。アーサー・アンダーセンが起訴されて有罪判決を受けることになれば、早晩信用を失って破綻に追い込まれることは、ある程度早い段階から予測されていたようである。しかしながら、アーサー・アンダーセンが行ったとされる大量の証拠の隠滅行為は極めて悪質性が高く、検察官としては、ホルダー・メモが挙げる様々な要素を考慮したとしても、アーサー・アンダーセンを起訴する以外に選択肢はなかった。その結果、アーサー・アンダーセンは有罪判決を受け、取引先を失って破綻に追い込まれ、何の責任もない従業員約2万8000人が職を失うという大混乱を招く結果となった。

この事件は、企業訴追に関する検察官のトラウマとして今日でもよく紹介され、ホワイトカラー犯罪における司法取引のその後の方向性に強い影響を及ぼ

第2章　米国の司法取引の歴史　　75

すことになる。検察官にはアーサー・アンダーセンを破綻させる意図はなかっただろうが、刑事手続に乗せられて有罪を宣告されることが、取引先や従業員の動揺を招いたり、世界各国の公共プロジェクトへの入札資格を停止されたりすることにより、確定判決でなくても企業にとって事実上の死刑宣告となり得ることが十分認識されていなかった。また、そのような事態が生じることが事前に十分予測できていたとしても、ホルダー・メモの枠組みの下では、検察官は、その企業を起訴するか、起訴しないかのいずれかしか選択肢がなかった。ここに至って、「検察官たちは、このような派生的な悪影響の発生を回避するために、第3の選択肢——起訴と、犯罪が処罰されずに放置されている状態の中間にある——を必要としたのである。[58]」

　アーサー・アンダーセン事件以降、司法省は、闇雲に訴追して企業自体を毀損することを避けつつ、企業に問題是正措置を義務付けるための方策（第3の選択肢）として、通常の刑事手続による事件処理を回避するダイバージョン（diversion）の仕組みを採り入れた手法を模索していく。その結果、司法省が有効な第3の選択肢として考え付いたのが、Deferred Prosecution Agreement（DPA[59]）と呼ばれる手法だった。[60]

　DPAは、司法省が新たに考案したものではなく、従前から存在していた手法である。これらは、手続上は「公判前ダイバージョンの合意」（Pre-trial Diversion Agreement）と位置付けられ、従前は、主に少年や軽微な事件を起こした初犯の成人を対象として、これらの者に対し前科のレッテルを貼ることを回避し、自助更生を促す手法として用いられていた。具体的な手続については後ほど詳しく検討するが、大まかにいえば、被告人に一定の猶予期間を与えて、その間に更生に向けて約束していた行動が実現されれば、起訴を取り下げるなどして免責を与える仕組みである。

　2003年1月20日には、司法省副長官であるラリー・トンプソン（Larry

＊58　Babak Boghraty "Organizational Compliance and Ethics", p.81.

＊59　Deferred Prosecution Agreementは、日本語の文献では「訴追延期合意」などと訳されることが多い。

＊60　John Ashcroft & John Ratcliffe "The Recent and Unusual Evolution of an Expanding FCPA", 26 Notre Dame J.L. Ethics & Pub. Pol'y 25 (2012), p.32.

Thompson）氏が新たな通達（トンプソン・メモ）[*61]を発した。トンプソン・メモは、ホルダー・メモ以後の司法省の経験を踏まえて、「企業訴追の諸原則」を改訂したものである。トンプソン・メモの基本的な構成や内容はホルダー・メモとほとんど共通しているが、両者を注意深く比較すると、トンプソン・メモにはホルダー・メモにはなかった文言が若干追加され、検察官にとって第3の選択肢となるDPAの利用が容認されるようになったことがわかる。具体的には、ホルダー・メモには、"In some circumstances, therefore, granting a corporation immunity or amnesty may be considered in the course of the government's investigation."（「したがって、一定の状況の下では、捜査の過程で（企業に）免責を認めることも考えられる。」――邦訳筆者）という一文があったが、トンプソン・メモでは、この文章に若干の文言が追加され、"In some circumstances, therefore, granting a corporation immunity or amnesty or pretrial diversion may be considered in the course of the government's investigation."（「したがって、一定の状況の下では、捜査の過程で（企業に）免責または公判前ダイバージョンを認めることも考えられる。」――邦訳および下線は筆者）という形に修正されている。

(4) 拡大する捜査協力に対する揺り戻し――トンプソン・メモ以降

トンプソン・メモが効力を持っていた2003年から2006年までの時期は、企業に積極的な捜査協力を求めるという司法省の方針が定着し、司法省が企業に求める協力の内容が増大していった時期といえる。ただ、企業に求められる協力の内容が増大するに伴い、主に企業側の弁護士たちから行き過ぎを懸念する声が上がり、次の2点で揺り戻しの動きが生じた。

1) 弁護士・依頼者間秘匿特権の扱い

揺り戻しの1点目は、弁護士・依頼者間秘匿特権の放棄に関する点である。

＊61　https://www.americanbar.org/content/dam/aba/migrated/poladv/priorities/privilegewaiver/2003jan20_privwaiv_dojthomp.authcheckdam.pdf.

1999年のホルダー・メモは、企業による捜査協力が十分であるかどうかを評価する際の考慮要素として、「必要となる場合には、弁護士・依頼者間秘匿特権および職務活動の成果に対する特権の放棄がなされることも考慮の対象に含む。」[*62]と記載していた。2003年のトンプソン・メモもこの内容を承継し、企業による協力が完全なものであるかどうか判断する上で、必要があれば、企業が弁護士・依頼者間秘匿特権等を放棄したかどうかを考慮することができるとしていた。

　弁護士・依頼者間秘匿特権とは、依頼者が弁護士に問題を相談し助言を受ける過程で生じた依頼者と弁護士の間のコミュニケーションの内容は、捜査機関による差押えや訴訟の相手方に対する開示の対象とされないという権利のことである。例えば、依頼者が弁護士に問題を相談した際の手紙・電子メールや、弁護士が相談された事項について依頼者に回答するために作成した意見書等は、弁護士・依頼者間秘匿特権による保護を受け、依頼者（ここでは企業）が特権を放棄しない限り、司法省がこれを差し押さえることはできない。

　また、職務活動の成果に対する特権（Work-product privilege）とは、弁護士が訴訟に備えるために作成した文書等は、相手方当事者に対する証拠開示の対象とされないという権利のことである。弁護士・依頼者間秘匿特権とは権利が認められるための要件や保護の範囲が異なるが、他者に対する文書等の開示を拒絶する際の根拠となるという機能は弁護士・依頼者間秘匿特権と共通するので、ここでは弁護士・依頼者間秘匿特権とまとめて「秘匿特権」と呼ぶことにする。

　秘匿特権は、基本的に、依頼者が、他者に相談の内容を知られることなく、安心して弁護士に相談し、助言を受けられるようにするために認められた権利である。ところが、捜査機関にとっては、企業に秘匿特権を主張されると、その対象となる文書等を見ることができないため、企業が十分な捜査協力をしていないのではないか（企業が隠し事をしているのではないか）という懸念を抱くことになる。その結果、検察官が、ホルダー・メモおよびトンプソン・メモ

＊62　先述した8つの考慮要素の4点目を参照。

の記述を引き合いに出して、秘匿特権を放棄して文書等を提出するよう企業に求める事態が生じていた。

こうした事態に対し、主に企業側の弁護士たちから異論が上がるようになった。彼らの主張は次のようなものである。

弁護士は、企業およびその従業員が、企業にとって最善の利益を確保しつつ法令を遵守するのを助けるという重要な役割を果たしている。この役割を果たすためには、弁護士は、企業の役職員による確固たる信頼とともに、企業を適切に代理するために必要となる全ての情報を受け取ることができなければならない。〔検察官が企業に秘匿特権の放棄を要求することを認める政府の方針は〕企業の担当者が弁護士に相談して助言を受けることを躊躇させ、その結果、企業の弁護士が十分な内部調査を実施したり、効果的な法令遵守体制について助言したりすることを困難にしている。[63]

2006年12月12日付の司法省副長官ポール・マクナルティ（Paul McNulty）氏による通達（マクナルティ・メモ[64]）は、こうした批判を受けて、検察官が企業に秘匿特権の放棄を求めることができる場合を限定することにした。具体的には、検察官は、秘匿特権の放棄を求める際には、(i)その重要性と捜査の必要性とを慎重に比較衡量しなければならず、(ii)秘密侵害の程度が比較的小さい純粋な事実に関する情報にかかるものから順に要求しなければならず、かつ、(iii)司法省内部の決裁を経なければならないこととされた。しかし、企業が、検察官に十分な捜査協力を認めてもらえないのではないかという懸念から、自主的に秘匿特権の対象となる文書等を開示する事態が生じているおそれがあるとして、マクナルティ・メモ後も批判は収まらなかった。

この問題は、2008年8月28日付の司法省副長官マーク・フィリップ（Mark

---

*63　American Bar Association "Protecting the Attorney-Client Privilege; ABA Urges Reversal of Federal Agency Waiver Policies". https://www.americanbar.org/content/dam/aba/migrated/poladv/priorities/privilegewaiver/2008aug6_factsht.authcheckdam.pdf.

*64　https://www.justice.gov/sites/default/files/dag/legacy/2007/07/05/mcnulty_memo.pdf.

Filip）氏による通達（フィリップ・メモ）[*65]が、「検察官は、企業に〔秘匿特権の〕放棄を求めるべきではなく、そのような要求をしないよう指示されるものとする。」という運用を明記し、批判にほぼ全面的に応えることによって、ようやく決着を見た。[*66]

2）　従業員の弁護士費用の企業負担

揺り戻しの2点目は、犯行に関与した有責従業員の扱いである。

1999年のホルダー・メモは、具体的な状況によるという留保付きではあるが、検察官は、企業による協力の度合いを測る際に、企業が有責従業員をかばおうとしているかどうかを考慮することができるとし、その具体例として、企業が有責従業員に弁護士費用を融通することを挙げていた。[*67]2003年のトンプソン・メモもこの内容を承継したが、企業が求められる協力の内容が増大していく中で、この点についても批判の声が上がるようになった。

この問題については、2006年、連邦裁判所も批判に同調する判断をした。この事件は、「合衆国対スタイン」[*68]というのが正式な名称であるが、「KPMG事件」（KPMG Case）という通称で呼ばれることもある。

この事件は、世界的に有名な監査法人（KPMG）で働いていた個人が、不正な租税回避商品の開発・販売に関与したとして、税法違反（脱税）の疑いで起訴されたものである。KPMGは、従業員が職務上の行為に関して捜査の対象とされた場合、従業員の弁護士の費用をKPMGが負担するという内部ポリシーを定めていた。KPMGは、問題が発覚した後、企業としても捜査機関の捜査に協力してきたが、捜査機関から、トンプソン・メモに基づき、被告人の弁護士

＊65　https://www.justice.gov/sites/default/files/dag/legacy/2008/11/03/dag-memo-08282008.pdf.

＊66　なお、量刑ガイドラインにも、かつては、企業による弁護士・依頼者間秘匿特権等の放棄を、企業の有責性スコアを減じる方向に考慮することができる旨の記述があったが、2006年11月1日付でかかる記述も削除された。

＊67　ただし、いくつかの州では、従業員の有罪が確定するまでは、従業員が職務上の行為に関して捜査の対象とされた場合に、従業員の弁護士費用を企業が負担するよう義務付ける立法が存在したため、それらの州では企業による費用負担が例外的に許されるとしていた。

＊68　United States v. Stein, 435 F. Supp. 2d 330 (S.D.N.Y. 2006).

費用を負担するのであれば、KPMGを起訴する方向に働く材料となるとの示唆を受け、被告人の弁護士費用の負担を打ち切った。

被告人は、捜査機関が起訴という不利益を盾に企業に圧力をかけて、被告人の弁護士費用の資金源を断ち切ったことは、被告人に認められた憲法上の権利を損なうもので違憲であるとの申立てをした。裁判所は、捜査機関の行為は合衆国憲法第6修正（弁護人依頼権）に反すると判断して被告人の申立てを容れ、救済としてKPMGによる弁護士費用の負担の回復を実現するよう命じた。

この判決後に出されたマクナルティ・メモでは、企業が従業員の弁護士費用を負担していることを、企業による協力の度合いを測る際の考慮要素としてはならない旨が明記され、ひとまずこの問題は落ち着くことになった。今日では、捜査の対象となった従業員の弁護士費用を会社が負担することは特段の異論なく認められている状況にある。

4　企業の捜査協力を促す仕組みの発展——FCPAパイロット・プログラム

⑴　3つの合意を使い分ける仕組みの確立

以上のような経過を経て、2010年頃までには、企業に対しては、その捜査協力の度合いに応じて、起訴、DPAおよび不起訴という3つの選択肢を使い分けるという仕組みが確立するに至った。

第1の選択肢は起訴である。起訴された場合、ほとんどの事件では、自己負罪型の答弁取引の結果、PA（Plea Agreement）という形で合意が結ばれ、正規の公判審理（Trial）を回避して決着することになる。

第2の選択肢は不起訴である。不起訴となる際にはNPA（Non-Prosecution Agreement）という合意が結ばれ、不起訴となるために企業が遵守すべき事項が定められることが通常である。理論上は無条件で不起訴とすることも不可能ではないが、検察官としては、何らの条件も定めずに不起訴として放免するという選択肢は、現実的には取りづらいであろう。

第3の選択肢はDPAである。

この仕組みの下では、捜査の対象とされた企業は、（もちろん具体的な事実

第2章　米国の司法取引の歴史　　81

関係にもよるが、）社内調査を実施して、被疑事実に該当する犯罪が行われていたことが確認されれば、できる限り起訴されることを回避すべく、社内調査で得られた文書等を捜査機関に提供するなどの協力をして、DPAまたは不起訴による決着を目指して検察官と協議していく、というのが標準的なプラクティスとなる。また、幸運にも内部通報等によって捜査機関に発覚する前に犯罪の存在を把握できれば、捜査機関に対して犯罪を自主申告することによって、捜査協力に関するポイントを大きく稼ぐことも可能になる。DPAという第3の選択肢ができたことにより、検察官としては「犯情が悪質で、さすがに不起訴はあり得ない」と判断せざるを得ない事件であっても、企業としては、協力次第ではDPAにより（一定の制裁と負担はもちろん課されることになるが）起訴を回避できる可能性があるため、積極的に捜査に協力するインセンティブが生じたわけである。

⑵ 「FCPAに対する法執行の新時代」の到来

　企業の捜査協力を促すこの仕組みはホワイトカラー犯罪の事件で幅広く活用されるが、特にFCPA違反（外国公務員贈賄）の事件で積極的に活用されていく。外国公務員贈賄を処罰する法律[69]は1977年にすでに制定されていたが、米国で実際に法執行が活発になるのは、外国公務員贈賄による害悪が世界的に問題視されるようになる1990年代以降のことである。2000年代以降も法執行は活発に行われ、2010年頃には司法省にとって処罰を目指すべき主要なターゲットの一つとして定着するに至る。2010年11月16日に行われたスピーチで、当時の司法省副長官であるラニー・ブルーアー（Lanny Breuer）氏は次のように述べている。

　　我々のFCPAに対する法執行は、現在かつてないほど活発であり、さらに強さを増していると自信を持って言える。一つデータを挙げると、昨年、我々はFCPA関連事件で、過去最高となる合計10億ドル超の罰金を科すに

＊69　"Foreign Corrupt Practices Act"。「FCPA」と略称されることが多い。

82　第2部　現代的司法取引の誕生と発展──経済事犯に見る米国の司法取引

図表6　捜査協力の度合いに応じて選択肢を使い分ける仕組み

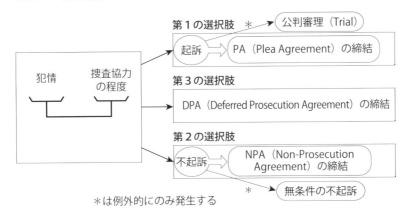

＊は例外的にのみ発生する

　至った。……昨年我々が打ち立てた記録から明らかであるように、我々は「FCPAに対する法執行の新時代」にいるのであり、そしてそこにとどまり続ける。[*70]

　後に第3部で詳しく見るように、FCPAも、カルテルと同様に、密行性が高く、証拠の収集が難しい犯罪の部類に属する。このため、FCPAを効果的に摘発するためには、捜査の対象とされた企業自体による協力が必要となってくる。1999年頃以降、「企業の捜査協力を促す仕組み」と「FCPAに対する法執行」は、いずれも同時期に発展し、ほぼ同じ2010年頃にともにある程度の安定した水準に到達したものといえる。2010年頃以降、両者が手を取り合って発展していくことになるのは、以上のような発展の流れからすれば必然であったといえよう。

(3)　個人の責任と企業の捜査協力の関係——イエイツ・メモ以降

　3つの選択肢を使い分けることにより企業の捜査協力を促す仕組みは、2010年頃には一応の定着をみたとはいえ、いくつかあいまいなままになって

＊70　https://www.justice.gov/opa/speech/assistant-attorney-general-lanny-breuer-speaks-24th-national-conference-foreign-corrupt.

いた点があった。近年、これらの点について司法省が明確なポリシーを打ち出し、「会社を協力者として、標的である会社の上位の従業員の訴追を目指す」という現代的司法取引の姿が浮き彫りになるに至った。

1) 個人の責任の位置付け──イエイツ・メモ

あいまいなままになっていた点の1つ目は、ホワイトカラー犯罪に対する捜査の目標をどこに設定するかという点である。この問題は、より端的に言えば、実際に犯行に関与した従業員個人の責任をどのように位置付けるかという問題である。

司法省は、以前から、犯行に関与した個人の刑事責任を追及することが、将来のホワイトカラー犯罪の抑止につながるという考え（あるいは信念といってもよい。）を持っていた。このことは、1970年代以降のカルテルに対する法執行において、カルテルに関与した個人に禁錮刑の実刑を科すことが目標とされてきたという事実が示している。また、1999年以降は、こうした考えが「企業訴追の諸原則」に明記されてきた。

しかしながら、企業が十分な捜査協力を行うためには、充実した社内調査を行うことが不可欠であり、そこでは犯行に関与した従業員に対するヒアリングの実施も必要となる。個人責任を追及されるおそれがあるのであれば、従業員としては、社内調査への協力にどうしても慎重にならざるを得ない。また、企業に対しDPAや不起訴といった寛大な処分がなされていく中で、その企業の従業員に対してどこまで厳格な処分を科すべきかといった悩みが出てくるのも、ある意味では避けがたいことである。こうした悩みからか、犯行に関与した従業員に対する責任追及は、現実には必ずしも多くの事件で行われているとは言えず、その位置付けが不明確になっていた。例えば、司法省が摘発したFCPA違反事件で見ると、2008年から2014年までの期間に摘発された事件の75%で、[71]司法省による有責従業員に対する個人責任の追及がなされていなかったとい

---

*71 この数字は集計がなされた時点でのものであり、その後に従業員個人の訴追がなされた事件が存在する可能性はある。

＊72
う。

　この点に関する司法省の回答が、2015年９月９日に司法省副長官のサリー・イエイツ（Sally Yates）氏が発した"Individual Accountability for Corporate Wrongdoing"（「企業不祥事における個人の責任」）と題する通達（イエイツ・メモ[73]）である。イエイツ・メモの立場は明快であり、犯行に関与した従業員個人の責任を追及することは、将来のホワイトカラー犯罪を抑止するだけでなく、企業の行動パターンを変化させる契機となり、各人の行為に応じた応報責任を適切に追及することになり、米国の司法制度に対する公衆の信頼の向上につながるとして、その意義を全面的に肯定している。その上で、「特段の事情や別の確立した政府のポリシー[74]がない限り、司法省は、企業とともに問題を解決していく中で、有責の個人を民事上・刑事上の責任から解放することはしない。」という方針を明示した。

　かかる方針が「企業の捜査協力を促す仕組み」と結びつくと、「会社を協力者として、標的である会社の上位の従業員の訴追を目指す」という運用になる。イエイツ氏は、当時行ったスピーチで次のように述べている。

　　　企業は、企業と政府の間で事件に関して和解が成立すれば、すぐに協力が終わると考えるべきではない。今後、企業との間でなされる答弁の合意（plea agreements）および和解の合意（settlement agreements）は、企業が犯行に関与した個人に関する情報を政府に継続して提供することを義務付ける条項を含むことになる。企業が個人に対する捜査・訴追への協力の継続を怠れば、合意の重大な不履行となり、合意された制裁を破棄する根拠となるであろう。[75]

＊72　FCPA Professor Blog "The Yates Memo – One Year Later" http://fcpaprofessor.com/yates-memo-one-year-later/.

＊73　https://www.justice.gov/archives/dag/file/769036/download.

＊74　例えば、カルテルについては、会社がリニエンシーを申請し、これが認められた場合、会社だけでなくその従業員も免責を受けることができるが、この仕組みは、ここでいう「別の確立した政府のポリシー」に当たると考えられる。

＊75　https://www.justice.gov/opa/speech/deputy-attorney-general-sally-quillian-yates-delivers-remarks-new-york-university-school.

イエイツ・メモは、ある意味では割り切った立場を採ることによって、犯行に関与した従業員個人に対する刑事責任の追及を重視するという司法省の当初の信念に立ち返ることを明確にした。イエイツ・メモの下では、ホワイトカラー犯罪に対する捜査の最終目標は、犯行に関与した従業員（特に役員等の上位の従業員）を訴追することに設定され、企業による捜査協力はそのための重要な証拠収集手段と位置付けられる。ここにおいて、「会社を協力者として、標的である会社の上位の従業員の訴追を目指す」という、現代的司法取引の姿がはっきりと浮かび上がってくる。

　イエイツ・メモの立場に対しては、様々な批判もなされている。「会社を協力者として、標的である会社の上位の従業員の訴追を目指す」という構図の下では、必然的に会社と標的となる従業員の間で利益相反関係が生じるが、それにもかかわらず会社は従業員の協力を得て十分な社内調査を行うことができるのかという点は、イエイツ・メモに対する根強い批判の一つである。他にも、イエイツ・メモの下では、検察官は（特段の事情等がない限り）少なくとも誰か1人以上の従業員を起訴しないことには収まりがつかず、特に責任が重いわけではない従業員がいわばスケープ・ゴートにされるといった事態が生じかねないといった批判もある。イエイツ・メモに対するこれらの批判は、現代的司法取引が抱える未解決の問題そのものでもある。

2）　発覚前の自主申告の促進──FCPAパイロット・プログラム

　あいまいなままになっていた点の2つ目は、企業に捜査機関に対する犯罪の自主申告をどのように促すかという点である。

　確かに、企業による捜査協力を促す仕組みは一応定着し、ほぼ全ての事件で、被疑者・被告人となった企業による何らかの捜査協力がなされるようになった。しかし、その半面、犯罪が捜査機関に発覚する前に企業が自主的に犯罪を申告（voluntarily discloseまたはself-report）してくるケースは必ずしも増えず、比率としてはむしろ低下傾向にあった（図表7参照）。

図表7　司法省が摘発したFCPA違反事件に占める企業の自主申告が捜査の端緒となった事件の比率[76]

2011年	2012年	2013年	2014年	2015年
73%	78%	57%	29%	50%

　この原因は、事件ごとに運用がまちまちで、自主申告した企業に与えられる恩典の内容について予測可能性が十分確保されていなかったことにある。2015年に発表されたある文献は、その当時のFCPA違反事件7事例を分析し、違反企業による自主申告があったケースと自主申告がなかったケースで処分にどのような違いがあったか検討した上で、次のように述べている。

　　　これら7件のFCPA事件の結果の分析では、自主申告が金銭的制裁の軽減を保証するものとなっていないことは明らかであるように見える。のみならず、企業が自主申告に失敗したとしても、そのことは企業が金銭的制裁の軽減を受けることの妨げとなっていない。[77]

　こうした状況を改善するため、司法省は、2016年4月、捜査機関への発覚前の企業による自主申告を促すことを主たる目的として、「FCPAパイロット・プログラム」という運用基準を1年間の期限付きで試験的に導入した。FCPAパイロット・プログラムは、自主申告の有無に応じて、企業が得られる恩典にはっきりとした差異を設けた点が特徴である。

　まず、自主申告がなかった場合、その後の完全な協力に対して企業が受けられる刑の軽減は、量刑ガイドラインが定める刑の下限から最大で25%までとされた。

　これに対し、自主申告がなされた場合には、完全な協力に対して企業が受け

＊76　FCPA Professor Blog "DOJ Enforcement Of The FCPA – Year In Review" (2016年1月6日) http://fcpaprofessor.com/doj-enforcement-of-the-fcpa-year-in-review-6/.

＊77　Peter Reilly "Incentivizing corporate America to eradicate transnational bribery worldwide: Federal transparency and voluntary disclosure under the Foreign Corrupt Practices Act", Florida Law Review 67, 1683, p.1709.

られる刑の軽減は、量刑ガイドラインが定める刑の下限から最大で50％までとされた。また、効果的なコンプライアンス体制が構築されていれば、処分後のコンプライアンス体制を監視する独立監査人（Monitor）[78]の起用は基本的に不要とされた。さらに、自主申告がなされた事案では、検察官は、以上の恩典に加えて、企業を起訴しない（不起訴とする）ことも「検討する」（consider）とされた。

FCPAパイロット・プログラムの効果は直ちに数字となって表れ、司法省に対するFCPA違反事件の自主申告はプログラム導入後の１年間で22件に達した[79]。その前年の自主申告は13件にとどまっていたので、１年で２倍近くに件数が急増したことになる。

FCPAパイロット・プログラムの成功を受けて、司法省は、当初１年間としていたプログラムの期間を延長した。さらに、2017年11月29日には、内容をさらに改良した上で、これを試験的なプログラムから正規の運用方針（"FCPA Corporate Enforcement Policy"（FCPAポリシー））として採用することを公表した。

FCPAポリシーは、FCPAパイロット・プログラムの内容をさらに一歩進めている。例えば、違反行為を自主申告した企業は、FCPAパイロット・プログラムでは不起訴を「検討する」（consider）とされていたのが、FCPAポリシーでは不起訴相当であるとの「推定（presumption）を受ける」とされた。また、FCPAパイロット・プログラムでは、違反行為を自主申告した企業は、刑の下限から最大で50％までの軽減が認められ得るとされていたのが、FCPAポリシーでは原則として一律50％の軽減が認められるとされた。これらの変更により、企業にとっての予測可能性はさらに高まっている。

＊78　独立監査人（Monitor）は、処分後の企業のコンプライアンス体制が適切なものとなっているかどうか継続的に監視する者であり、司法省との合意の中に、企業の費用でこれを起用することを義務付ける条項がよく置かれる。多くの場合、独立監査人には企業法務を専門とする弁護士（法律事務所）が起用されるが、その費用は高額である上、独立監査人による資料提供等の要求に応じるための作業負担も重いため、企業にとって独立監査人の起用を免除されることは大きな負担の軽減となる。

＊79　https://www.justice.gov/opa/speech/deputy-attorney-general-rosenstein-delivers-remarks-34th-international-conference-foreign.

FCPAパイロット・プログラムを巡る一連の経緯は、企業に違反行為の自主申告を促すためには、事前の予測可能性が十分に確保されていることが重要であることを示している。カルテルの罪に関するリニエンシー制度を思い返しても、単に刑の減免を検討することとしていた1978年のリニエンシー・プログラムが必ずしも成功を収めなかったのに対し、捜査開始前の自主申告に対して訴追免除を基本的に保証することとした1993年のプログラムが大きな成功を収めたことが想起される。この点は、日本の協議・合意制度に対しても非常に大きな示唆であるといえよう。

第3章

司法取引の手続の流れ①
捜査機関への発覚前に自主申告する場合

1 標準的な手続の流れ

　以上の歴史的経緯を踏まえて、ここからは、具体的な手続の流れを見ていく。以下では、FCPA違反事件について企業が司法省に自主申告するという事案を想定して解説するが、その他の事案についても必要に応じて適宜解説を補足する。なお、FCPA違反事件で企業が司法省に自主申告するケースは、本書における司法取引の分類で言えば、現代的司法取引のうち、基本形である類型①（一社完結型、第1部29頁を参照）に該当するものと位置付けられる。

　標準的な事案は以下のような流れで進む。

　なお、上記4つの段階は、必ずしも截然と区切られるとは限らない。例えば、社内調査はProffer（協議）の前に完結するとは限らず、Profferの進展に応じて新たな事項につき調査が必要となれば、Profferと並行して新たな社内調査が行われることもあり得る。

2 社内調査

　ホワイトカラー犯罪の多くは、内部通報や監査を端緒として会社に発覚する。犯罪の可能性を察知した会社は、詳しい社内調査を行い、犯罪の有無と自主申告の要否について見極めを行う必要に迫られる。

⑴　弁護士およびフォレンジック業者の起用

　社内調査は、早い段階から社外の法律事務所に依頼し、複数の弁護士から成る調査チームを作って行われる。早期の段階から社外弁護士を起用するのは、社内調査の成果を弁護士・依頼者間秘匿特権による保護の対象とし、意図せざる外部への開示から守るためである。もちろん、不正調査に関する弁護士の知見と経験を活用することも、社外弁護士を起用する目的の一つである。米国の企業は社内弁護士（インハウス弁護士）を有することが珍しくないとはいえ、彼らの主たる業務は日常的なビジネスにおける法律問題への対処であり、イレギュラーに発覚する不正への対処には慣れていなかったり、あるいは大規模な社内調査を行うには人数が足りなかったりといった事態はどうしても生じ得る。

　社外弁護士に次いでフォレンジック業者（フォレンジック・ベンダー）も起用される。フォレンジック業者は、パソコン等に記録されたデータを保全・複製し、削除されたデータを復元したり、データを検索可能な状態にしたりして弁護士による調査を補助する役割を果たす。今日、会社の業務に用いられるデータは膨大な量に上り、フォレンジック業者の助けなしに十分な調査は不可能である。

⑵　文書等の収集

　典型的な事案では、社内調査は、会社が文書保全通知（Litigation Hold）と呼ばれる社内通達を発し、以後の文書やデータの破棄・改ざんを禁じることにより始まる。万が一従業員が証拠を隠滅していたことが発覚した場合、司法妨害（obstruction of justice）として、会社も従業員も厳しい制裁を受けることになるおそれがある。

　続いて、会社は、犯行への関与が疑われる従業員に、業務に使用しているパソコンを提供するよう指示する。パソコンのデータは、フォレンジック業者によって複製・解析され、弁護士によるレビューに供される。パソコンから抽出されるデータは膨大な量に上り、従業員1人当たり電子メールだけで数万通に達することもある。それら全てを弁護士が逐一チェックすることは現実的に不

第3章　司法取引の手続の流れ①──捜査機関への発覚前に自主申告する場合　　91

可能であり、被疑事実に関係するキーワードで検索をかけて対象を絞り込んだり、弁護士によるサンプルレビューの結果を学習させた人工知能にレビューさせたりといった代替措置を講じることになる。当然ながら、代替措置の方法は恣意的なものであってはならず、捜査当局への接触後は具体的な方法を捜査当局と協議しながら進められる。

⑶　従業員のインタビューとアップジョン警告

　その後、弁護士によって、犯行に関与した疑いのある従業員のインタビューが行われる。ここで留意すべきは、弁護士がインタビューする従業員の中には、将来、捜査当局に悪質性が高いと評価され、訴追の標的となるべき者が含まれることである。かかる従業員と会社の間では、近い将来確実に利益相反が顕在化する。このため、弁護士は、インタビューの冒頭で、①自分は会社の弁護士であり従業員個人の弁護士ではないこと、②インタビューの内容は弁護士・依頼者間秘匿特権で保護されるが、この秘匿特権は会社のみに帰属し、会社の判断で自由に放棄できることを、従業員に告知しなければならない。この告知はアップジョン警告と呼ばれる。アップジョンという名称は、ルールの基になった連邦最高裁判決[80]の名称に由来する。

　従業員の中には、犯行への自らの関与を隠そうとして不合理な供述をする従業員も珍しくない。こうした従業員に対しては、パソコンから発見されたメールを示して説明を求める等、他の証拠を用いた裏付けと弾劾が行われる。

⑷　従業員の弁護士費用の扱い

　訴追の標的となる従業員は、最終的には検察官との協議を経て確定することになるが、有責性が高いことが明らかで、標的となる可能性が高いと判断された従業員には、その段階から従業員個人の弁護士が起用される。もっとも、長期に及ぶ捜査の間、経済事犯に関する知見のある弁護士を個人で雇い続ける資力を持つ従業員は現実にはほとんどいない。このため、多くの場合、独立性を

＊80　Upjohn Company v. United States, 449 U.S. 383 (1981).

92　第2部　現代的司法取引の誕生と発展──経済事犯に見る米国の司法取引

維持しつつも会社の弁護士と円滑なコミュニケーションが取れる弁護士を会社が紹介し、弁護士費用も会社が負担するという運用がなされている。歴史的な経緯に関する検討の中で見たように、1999年以降の「企業訴追の諸原則」を巡る議論の中で、かつては、会社が標的従業員の弁護士費用を負担することは、会社の捜査協力義務に違反すると考えられた時期もあったが、今日では特段の異論なく容認されている。

3 Proffer（協議）

Profferとは、協議に当たる段階である。もともとは、協力者から捜査機関に対して提供する事件に関する陳述を指す言葉であるが、その後に行われる捜査機関との折衝も指すものとして用いられることが多い。Profferでは、協力者から検察官に対し供述や文書等が提供され、提供された証拠の価値と信用性を踏まえて、最終的にどのような合意をするかが協議される。

Profferで協力者が最も注意すべきことは、証拠の信用性に検察官から疑問を持たれないようにすることである。信用性の不確かな証拠を提供したり、証拠の出し惜しみをしたりして協力姿勢に疑問を持たれることは得策ではない。こうした問題は、Profferの前に社内調査の段階で十分な調査を行って解決しておく必要がある。

Profferを始める際は、検察官と協力者の間でProffer Agreementと呼ばれる合意が締結される。この合意は、①Profferにおける協力者の供述を将来協力者に対する弾劾証拠として使うことができること、②Profferにおける協力者の供述に基づき派生証拠を入手できること、③虚偽の情報の提供は処罰の対象となること等を明確にするものである。捜査機関との取引に関する協議の中でなされた当事者の発言等は、ごく限られた例外に該当する場合を除き、後に当事者に対する不利な証拠として用いることができない。[*81] しかし、このルールの下では、協力者が供述を翻したような場合に、協議の中でなされた発言等を

＊81　連邦証拠規則410条。

第3章　司法取引の手続の流れ①——捜査機関への発覚前に自主申告する場合　　93

弾劾証拠として用いることも制限されることになる。そこで、捜査機関は、協力者から捜査協力を受けるに際して、証拠制限による保護を部分的に放棄する合意（Proffer Agreement）に応じるよう協力者に求めることが通常である（連邦証拠規則410条による保護は、放棄することが可能である。[*82]）。

　Profferの初期段階では、弁護士と検察官だけが協議に出席し、弁護士から検察官に対し事案の概要や協力内容について説明がなされることが多い。この段階はAttorney Profferと呼ばれる。

　Attorney Profferの後、協力者本人（協力者が会社の場合、法務部長やインハウス弁護士等）も出席して、より詳しい説明や証拠の提供が行われる。この段階はCorporate Profferと呼ばれる。

　提供する証拠が従業員の供述である場合、まずは社内調査で聴取した内容が提供されるが、供述の信用性を吟味する等の必要がある場合には、検察官によるインタビューの実施を求められる。検察官によるインタビューは、日本の取調べと異なり、詳細な供述録取書は作成されず、概要のみの報告書しか作成されない。Profferにおける協議の中身についても、同様に概要のみの報告書しか作成されない。検察官が保有する証拠は公判での開示の対象となり、詳細な供述録取書等を作成するとかえって足かせとなるおそれがあること等が理由である。

4　Agreement（合意）

　すでに見たように、企業が検察官と行うAgreement（合意）には、大きく①PA（起訴された場合）、②DPA（第3の選択肢）、③NPA（不起訴とする場合）の3種類があり、事案の性質や協力の内容等に応じて使い分けられている。

⑴　PA（Plea Agreement）
　PAは、協力者が公判で有罪答弁（Guilty Plea）をすることを前提とする合

＊82　United States v. Mezzanatto, 513 U.S. 196 (1995).

意であり、起訴された場合に結ばれるものである。DPA及びNPAと異なり、協力者は公判廷で有罪の宣告を受ける。したがって、制度上は最も原則的な形の合意であるが、企業にとってはできる限り回避すべき合意といえる。協力に対する恩典は減刑である。司法取引に応じて自己の刑事責任を自認した者は、まずその点を理由として量刑ガイドラインに沿った減刑を受けられるが[*83]、実質的な捜査協力がなされた場合、それに加えて、検察官はさらに減刑された求刑を約束することができる[*84]。ただし、裁判所は、量刑ガイドラインや検察官[*85]の求刑に拘束されないので、協力者にとっては不確実さが残る。

(2) DPA(Deferred Prosecution Agreement)

DPAは、略式の起訴後、一定期間刑事手続の進行を停止させ、その間に会社が捜査協力を含む合意事項を果たせば、検察官が刑事手続を取り下げるという合意である。すでに見たように、DPAは、もともとは、少年や軽微事件の初犯である成人に安易に前科を付けないようにするため、一定の猶予期間を与えて素行の改善等を促し、約束した改善が実現できた場合は刑事手続を取り下げるという手法であった。経済事犯でDPAが活用されるようになったのは、通常の刑事手続を回避したいという動機を持つ会社にとって、DPAは誘引力の強い選択肢となるためである。DPAは、裁判所における手続の停止を伴うことから、裁判所による内容の承認が必要とされる。

(3) NPA(Non-Prosecution Agreement)

NPAは、十分な捜査協力等を条件として、検察官が協力者を訴追しないことを約束するものであり、不起訴となる場合に用いられる。NPAは、裁判所が関知しない領域で完結するため、裁判所による内容の承認は不要である。

---

*83　連邦法上の犯罪についての量刑を公平化するために、1984年量刑改革法に基づき設置された独立機関（米国量刑委員会）が定めるガイドライン。裁判官に対する拘束力はないが、現実には量刑ガイドラインから外れた量刑がなされることは少ない。
*84　量刑ガイドライン3E1.1.
*85　検察官が裁判所に対し量刑ガイドライン5K1.1.に基づく申立てをすることにより、量刑ガイドラインに沿って算定された刑の下限を下回る求刑も可能になる。

図表8　Agreement（合意）の種類と概要

	①PA	②DPA	③NPA
会社にとっての利益	最も小さい	中間	最も大きい
公判での有罪答弁	あり	なし	なし
協力に対する恩典	減刑	条件が満たされた場合の刑事手続取下げ	不訴追
裁判所による審査	あり	あり	なし

　NPAの締結には運用上制約が設けられており、原則、協力者の協力が公益実現のために必須であり、かつ他の手段によっては有効な協力が得られない場合に限り締結できるとされている。ただし、すでに見たように、FCPA違反事件については、FCPAポリシーにより、①違反行為の自主申告、②全面的な捜査協力、③適時かつ適切な是正措置の3点全てを会社が実施した場合は、NPAが相当と推定される。[86]

⑷　企業の対応方針と標準的な合意内容

　捜査機関への発覚前に犯罪を自主申告した企業としては、できる限りNPAを締結して不起訴となること（もしNPAがうまくいかなくても、有利な条件でDPAを締結すること）を目標として検察官との協議を進めることになる。このため、会社にはNPAまたはDPAを何とか締結したいという強い欲求があり、内容に多少の不満があっても合意に応じてしまいやすいという構造的な問題がないではない。[87]こうした構造の下、検察官からの要求は多岐に渡ることが多い。標準的なNPAおよびDPAで会社が誓約する事項を列記すると次のようになる。

①　今後罪を犯さない

②　多額の制裁金を支払う

＊86　茨城敏夫・杉山日那子「米国司法省のFCPA違反企業に対する執行方針（FCPA Corporate Enforcement Policy）－FCPAパイロット・プログラムの正式採用」NBL1118号（2018年）12頁。

＊87　内田芳樹「米国連邦政府の企業犯罪対応と司法取引・訴訟代替手段利用に際しての留意点」国際商事法務43巻9号（2015年）1302頁。

③　捜査当局の捜査に協力する

④　全ての関連文書等を開示する（弁護士・依頼者間秘匿特権で保護されるものは除く）

⑤　犯行で得た資産の状況を開示する

⑥　司法省から指定された有責従業員を解雇する

⑦　公判で誠実に証言する

⑧　コンプライアンス体制を構築する

⑨　合意の履行状況を監視する独立監査人（Monitor）を会社の費用で起用する

　なお、上記の⑧（コンプライアンス体制の構築）と⑨（独立監査人の起用）は、捜査機関への発覚前に自主申告がなされたケースでは、あえて必要とされないことも多い。FCPAパイロット・プログラムでは、自主申告がなされた場合、独立監査人の起用が基本的に不要とされていることは、すでに見たとおりである。

5　合意の履行

　合意の履行というと、標的事件の公判で協力者が証言することが思い浮かぶが、実際には標的事件の公判が行われることはほとんどない。標的とされた者は、協力者が捜査協力していることを前提として公判での勝訴可能性とコストを天秤にかける結果、ほとんどの場合、公判で争うよりも自己負罪型司法取引により刑を軽減する途を選ぶからである。このため、多くの事案では先述した会社の誓約事項、特に①（再犯の禁止）、③（捜査協力）および⑧（コンプライアンス体制の構築）の実現が重要となる。

第3章　司法取引の手続の流れ①──捜査機関への発覚前に自主申告する場合　　97

第4章

司法取引の手続の流れ②
捜査開始後に捜査協力する場合

1　標準的な手続の流れ

　企業による自主申告以外の端緒から捜査機関が事件の存在を把握し、すでに捜査が開始された場合、手続の大まかな流れは以下のようになる。

図表9　捜査開始後に捜査協力する場合の手続の流れ

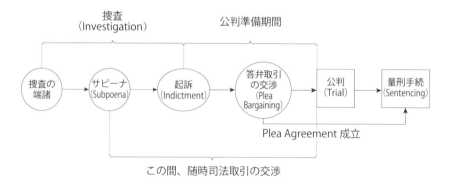

　すでに見たように、米国の刑事事件は事件の種別を問わず大半が司法取引（より正確には、自己負罪型の答弁取引）で終結しているのが実態である。このため、上の図は、こうした現実を踏まえて、司法取引の交渉をも手続の流れに組み込んで説明していることに留意されたい。

2 捜査の端緒

　米国におけるホワイトカラーに対する捜査では、犯罪行為に関与した企業等による自主申告が捜査の端緒の無視できない部分を占めている。例えば、A社の従業員とB社の従業員が共謀してホワイトカラー犯罪を行った場合、A社による捜査機関への自主申告が、B社に対する捜査の端緒となる。

3 サピーナ（Subpoena）

　ホワイトカラー犯罪の事件で被疑者となる企業や個人は、自らに対し捜査が及ぶことによって、自分たちが捜査の対象となっていることを把握することになる。

　日本では、会社に対する捜索や任意捜査の打診がなされることによって、被疑者（企業や個人）は自分たちが捜査の対象となっていることを具体的に知ることになる。

　米国でも、特に反トラスト法違反（カルテル）の事件等を中心に、会社に対する抜き打ちでの捜索は行われており、決して珍しいことではない。ただし、米国におけるホワイトカラー犯罪事件の捜査では、サピーナ（Subpoena）という捜査手法がよく用いられ、被疑者はサピーナを受領することによって自分たちが捜査の対象となっていることを把握することが多い。

　サピーナとは、裁判所が発する「罰則付き文書提出命令状」とでも言うべき令状のことである。すでに見たように、連邦法上の重罪を訴追するためには、大陪審の判断による起訴（indictment）が憲法上必要となるが、サピーナは、大陪審が起訴に関する決定を行うために必要となる証拠を収集する手段として設けられたものである。ただし、実際には、裁判所は、検察官の請求に基づき、検察官が提示する証拠と説明に基づいてサピーナの必要性を判断している。このため、サピーナは、事実上、検察官にとっては令状が必要な捜査手法の一つとして機能している。

第4章　司法取引の手続の流れ②——捜査開始後に捜査協力する場合　　99

サピーナは、指定された期日までに、名宛人が、指定された文書その他の資料を検察官に提供すべきことを命じる。サピーナで要求された文書等の提出を行わなかった場合、または文書等の提出は行ったが指定された文書等が全て提出されていないことが発覚した場合、法廷侮辱罪（contempt）または司法妨害罪（obstruction of justice）の責任を問われるおそれがある。すなわち、サピーナには、捜索のような直接強制力はないが、刑事罰による間接強制力がある。

サピーナは、必要な文書等を所持しているとみられるものであれば誰に対してでも発付することができる。しかし、ホワイトカラー犯罪に対する捜査では、被疑者となる企業に対して発付されることが通常である。サピーナの送達を受けた会社は、それによって自社が捜査の対象とされていることを把握し、サピーナで要求された文書等を提出できるよう準備するために社内記録等の調査を行うことになる。同時に、サピーナの送達を受けた企業は、サピーナに記載された提出文書等から自社に対する被疑事実を推測し、実際にそのような被疑事実があったかどうかを見極めるために、社内記録等の調査と並行して、従業員に対するインタビュー等の社内調査を行うことになる。

実質的には、サピーナが被疑者に送達された時点から、捜査機関と被疑者の間で司法取引の交渉も可能になる。

4　起訴（Indictment）

捜査の結果、有罪を獲得できると検察官が判断するに足りる証拠が得られ、かつ司法取引が成立して公判手続を回避できる見通しもない場合は、起訴によって、公判手続が裁判所に係属することになる。

第１章で見たように、連邦法上の重罪は、検察官による起訴状（Information）ではなく、大陪審の判断による起訴（Indictment）によらなければ訴追できない。[88]　大陪審は、16名から23名の一般市民によって構成され、検察官が提供す

＊88　ただし、大陪審の判断を経るべきことは、合衆国憲法修正第5条が被疑者に認めた権利であり、被疑者がこの権利を放棄することは可能である。

100　第2部　現代的司法取引の誕生と発展——経済事犯に見る米国の司法取引

る証拠と説明に基づき、被疑者を起訴するかをどうかを単純多数決で議決する。

　大陪審による起訴がなされた後、公判審理（Trial）が始まるまでの期間は、公判準備のための期間となる。検察側・弁護側の間で証拠開示（Discovery）がなされ、一定の予定主張についても内容が事前開示される等、双方の準備が整った段階で公判が開始される。

5　答弁取引の交渉（Plea Bargaining）

　公判審理（Trial）までには、公判準備のためにある程度長い期間が設けられる。裁判所による関与の度合い等は異なるが、日本で言えば、裁判員裁判事件における公判前整理手続の期間に近いといえるかもしれない。ただし、米国では、公判準備にどの程度の期間をかけるかも、両当事者の主導に委ねられているところが大きい。換言すれば、起訴後の公判準備期間は、答弁取引について時間をかけて交渉（plea bargaining）を行う機会となっている。

　答弁取引が成立すれば、被告人が公開の法廷において裁判官の面前で、自らの有罪を認める答弁を行い、公判（Trial）をスキップして量刑手続（Sentencing）に移行する。

6　公判（Trial）

　公判（Trial）は、いわゆる小陪審による陪審裁判となる。

　ただし、現実には、罪種を問わず大半の事件で司法取引（大部分は自己負罪型の答弁取引）が行われている結果、公判（Trial）まで至ることはまれである。

7　量刑手続（Sentencing）

　答弁取引がなされた場合には、有罪答弁がなされた後（正規の公判が行われた場合には有罪の評決がなされた後）、量刑について裁判官が判断するための量刑手続（Sentencing）に移行する。

第4章　司法取引の手続の流れ②――捜査開始後に捜査協力する場合　　101

量刑手続は、証拠に基づいて適正な量刑について審理するものであり、形式としては検察官と被告人・弁護人の対審の形を採る。ただし、罪体について公判（Trial）で審理する際に適用される厳格な証拠法則は量刑手続には適用されず、裁判官は、合理的な疑いを超える程度に証明された事実のみならず、証拠の優越（preponderance of evidence）が認められる程度に証明された事実であれば全て量刑の基礎として考慮することができる。[*89]

　量刑手続における審理の出発点は、裁判所の保護観察官（probation officer）が作成するPresentence Report（以下「PSR」と略称する）という報告書である。PSRは、法令に別段の定めがある場合、またはそれまでの審理の過程で量刑審理に必要な情報が顕れていると判断される場合[*90]を除き、原則として全ての事件について作成される。

　手続が量刑手続に移行した後、保護観察官は、被告人に対するヒアリング（presentence interview）を行い、PSRの作成を進める。PSRには、被告人の量刑に関連する一連の事情（前科の有無・内容、被害者に与えた被害の内容・程度等）とともに、量刑ガイドラインを適用した結果が記載される。その後、完成したPSRは、量刑手続の35日前までに被告人、弁護人及び検察官に開示[*91]され、7日前までに裁判所に提出される。[*92]

　量刑手続で、裁判官は、PSRの内容を基礎として各当事者に意見申述（および必要があれば証拠請求）の機会を与えた上で、最終的な刑を宣告する。

---

*89　United States v. Watts, 519 U.S. 148 (1997).

*90　単純な事件で量刑に関連する事実も少ないような場合が該当しよう。

*91　ただし、被告人が承諾したときは短縮できる。連邦刑事訴訟規則34条(e)(2)。

*92　PSRの開示を受けた後、各当事者はPSRの内容について異議を述べることができる。異議を受けた保護観察官は、当事者と協議し、必要に応じて事実関係をさらに調査して、PSRを修正することができる。連邦刑事訴訟規則34条(f)。

第3部
現代的司法取引の世界的な拡散
——米国以外の主要国の動向

第2部で見たように、司法取引制度の先駆けである米国では、伝統的な形の司法取引（自己負罪型司法取引や古典的捜査協力型司法取引）に加えて、2000年頃以降、ホワイトカラー犯罪を効果的に摘発するために、罪を犯した企業による捜査協力を促す仕組みが確立し、犯行に関与した従業員個人の責任を追及する米国司法省の方針と結合して、新たなタイプの捜査協力型司法取引（現代的捜査協力型司法取引）が行われるようになった。その中で、検察官にとって第3の選択肢となったDPA（Deferred Prosecution Agreement）が重要な役割を果たし、大きな成果を上げていることはすでに見たとおりである。

　その後、米国で誕生した現代的司法取引は、その有用性が評価され、米国以外の主要国でも採用されるようになる。第3部では、米国以外の主要国にも検討の対象を広げ、現代的司法取引が世界的に拡散している現状について見ていくことにしたい。

第1章

現代的司法取引の国際的な広がり

1　国際的な広がりの概況

　第2部で見たように、米国で現代的司法取引が有効な捜査手法として確立するに至った背景には、DPA（Deferred Prosecution Agreement）という起訴・不起訴の中間に位置する第3の選択肢が検察官に与えられたという経緯がある。米国の検察官は、DPAという手法を用いることで、企業の事業体としての存続を維持しつつも、企業に問題の解消に向けた様々な措置を採らせるとともに、有責従業員の訴追に向けた企業の捜査協力を得ることができるようになった。

　近年、米国以外の主要国で、外国公務員贈賄事件を主たる対象として、DPA、またはDPAに類似する合意制度を導入する例が相次いでいる。英国（2014年2月施行）を皮切りに、フランス（2017年6月施行）、カナダ（2018年9月施行）およびシンガポール（2018年10月施行）ですでにDPA（名称は国によって異なる。）が導入されている。また、本書執筆時点では、オーストラリアでもDPAの導入に向けた立法化の動きが進んでいるほか、ブラジルおよびアルゼンチンでもDPAに近い機能を有する合意制度が採用されている。DPA、またはDPAに類似する合意制度の導入は、第2部で米国について見たように、検察官その他の捜査・訴追機関に起訴・不起訴の中間に位置する第3の選択肢を与えることにより、企業の自発的な捜査協力を促して刑事事件を処理する途を拓くものであり、現代的司法取引の採用と事実上同義であると捉えてよい。

2 国際的な広がりの背景

　第1部で見たように、2000年頃以降に米国で現代的司法取引が誕生した背景には、企業による事業活動の規模が拡大した結果、企業犯罪によって生じる害悪も増大し、重大な企業犯罪を摘発する必要性が増したという事情がある。しかし、同時に、経済のグローバル化により企業による事業活動の地理的な範囲が国境を越えて拡大するとともに、インターネットの普及等により企業による事業活動も多様化していったという事情もあると考えられる。

　企業犯罪に対する捜査も、かつては、企業による事業活動が一国の国内で完結し、かつ均一化された比較的理解しやすい内容のものであることを前提として対処していればこと足りた。しかし、こうした従来型の捜査手法では、規模・内容ともに著しく拡大・複雑化した企業活動の中で生じる犯罪に対処することは困難になってきており、この点は、米国だけでなく世界各国の捜査機関が共通して抱える問題となっている。

　近年、英国、フランス、カナダおよびシンガポール等で相次いでDPA、またはDPA類似の制度が導入され、かつそれらがいずれも外国公務員贈賄等の経済・財産犯罪を主たる対象としていることは、上記のような背景から必然的に生じた流れに属するものといえる（図表10参照）。

　余談ではあるが、日本で新設された協議・合意制度（2018年施行）およびその後の適用事例も、上記の流れの中に整合的に位置付けることができよう。日本の協議・合意制度は、取調べによる供述証拠獲得に代わる捜査手段となることを全面に押し出して検討がなされてきたという若干特殊な立法の経緯をたどったため、その制度としての位置付けがややわかりにくいきらいがある。しかし、上記のような流れの中に置いて冷静に観察すれば、日本でこの時期に協議・合意制度が導入されたこと、協議・合意制度の対象犯罪が外国公務員贈賄をはじめとする企業犯罪を中心として構成されていること、そして協議・合意制度の第1号案件が外国公務員贈賄に関する事件であり、かつ、会社が協力者となる現代的司法取引の事案であったことは、いずれも起こるべくして起こっ

106　第3部　現代的司法取引の世界的な拡散——米国以外の主要国の動向

図表 10　DPA 導入の要因

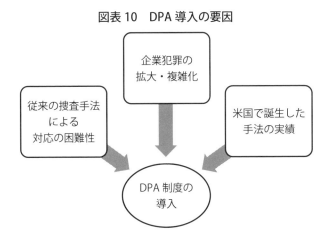

たごく自然な事象と見ることができる。

　本書執筆時点では、DPAを導入した国はまだ少数にとどまるが、確実に増加の一途を辿っている。以下では、DPAを導入した英国（第2章）、フランス（第3章）、カナダ（第4章）およびシンガポール（第5章）における各国の制度の背景と内容について解説した上で、今後DPAの導入を予定しているオーストラリア（第6章）の事情についても簡単に紹介する。

第2章

英国のDPA

1　制度導入の背景

(1)　ホワイトカラー犯罪への対処の必要性

　英国は、ホワイトカラー犯罪に対処するための手段として米国に次いで世界で2番目に、DPAを採用した国である。英国のDPA制度は、まさに米国のホワイトカラー犯罪におけるDPAの運用を参考にして制度設計がなされ、2013年にこれを導入する立法が成立、2014年2月24日から施行されるに至った。

　英国が米国にならってDPAを導入するに至った最大の理由は、ホワイトカラー犯罪によって生じる悪影響が甚大であるにもかかわらず、それに効果的に対処できる捜査・訴追の手段がなかったことにある。繰り返しになるが、近年においてもなおホワイトカラー犯罪は減少しているとは言いがたく、むしろ企業の事業活動のグローバル化に伴って犯罪のストラクチャーも高度化・複雑化し、英国を含む世界各国に悪影響を与え続けているという実態がある。2012年10月23日付の英国司法省のプレスリリースに、当時の司法大臣ダミアン・グリーン（Damian Green）氏による次のような発言が掲載されている。

　　　経済犯罪は重大な問題である。詐欺的犯罪[*1]だけで英国に毎年730億ポンド（約10兆5600億円）もの損害を与えているにもかかわらず、司法の場に引き出されてくる重大な事案はほとんどない[*2]。

[*1]　原文では"Fraud"であるが、ここでいう"Fraud"は、日本における詐欺罪よりは広い範囲の犯罪を指すと解するほうが文脈に合うため、「詐欺的犯罪」と訳している。

[*2]　https://www.gov.uk/government/news/new-tool-to-fight-economic-crime.

こうしたホワイトカラー犯罪の横行によって生じる悪影響は、上記のような具体的金銭に換算できる損害にとどまらない。ホワイトカラー犯罪の横行は、不公正なビジネスの土壌を創出することはもちろん、様々な産業・ビジネスセクターのレピュテーション（社会的評判）を傷つけることにもなる。それにもかかわらず、ホワイトカラー犯罪に対処するための捜査・訴追の手段は限定され、実際上の運用の結果も芳しいものではなかった。

⑵　法人の刑事責任モデルの欠陥に伴う必要性

　英国で企業に対する訴追が低調であり、DPAの導入が急がれた背景には、英国における法人の刑事責任モデルの欠陥もあったと言われている[3]。本書では概要のみを説明するにとどめるが、英国では、法人に刑事責任が認められるためには、原則として法人に行為と故意が認められなければならないが、その判定に当たっては、会社の支配的な意思（directing mind and will）を代表する者の行為と主観をもって会社の行為と主観とするという判例法上の原則（「同一視理論[4]」と呼ばれる。）が確立している。同一視理論のリーディングケースとされる判例は1971年の貴族院判決[5]であるが、この当時であれば、企業の事業規模はまだ限定的で、意思決定プロセスも比較的単純であり、さほど問題はなかったかもしれない。しかし、企業の事業活動の範囲がグローバルに広がり、企業内の意思決定プロセスも複雑化した今日においては、同一視理論は、オーナーの一存でほとんどの意思決定がなされる小規模なオーナー企業に対しては問題なく適合するが、意思決定プロセスが複雑な大企業に対しては、会社の支配的意思が分散してしまい、うまく適合しないというアンバランスな結果をもたらす。これでは、大企業による不祥事等、社会的影響力の大きい事件で企業の刑事責任を追及することが困難になる。

＊3　杉浦保友「企業不正行為と司法取引──英国と米国の訴追延期合意（Deferred Prosecution Agreement）制度の導入経緯」日本大学法科大学院法務研究14号（2017年）35頁、37頁。

＊4　英語では、"Identification Doctrine"とか"Identification Principle"などと呼ばれる。

＊5　Tesco Supermarkets Limited v. Nattrass, 69 LGR 403.

第2章　英国のDPA　　109

もちろん英国政府もこの問題に何ら対処してこなかったわけではない。例え
ば、大企業による不祥事の一部は、同一視理論が適用されない行政上または民
事上の制裁を課すことで対処されてきた。また、贈収賄防止法（Bribery Act。
以下「UKBA」という。）に、会社等による贈賄防止措置の懈怠に対し、法人
の主観的要件を問わない厳格責任を科す規定（UKBA第7条）を新設する等、
ホワイトカラー犯罪における法人の刑事責任の厳格責任化を進めている。しか
し、立法による厳格責任化の拡大に対しては慎重な意見も根強く、顕著な進展
があるまでにはまだ時間を要するとみられる。

　これだけであれば英国の純然たる国内問題に過ぎないが、第1部で見たよう
に、外国公務員贈賄をはじめとする贈賄事件については、個人および法人の刑
事責任を追及することを各国に義務付ける条約による枠組みが存在している。
英国は、上記の同一視理論による制約から、外国公務員贈賄事件に対するアプ
ローチとして、個人については刑事訴追、法人については行政上の制裁および
民事上の制裁（民事回復命令（Civil Recovery Order））を主軸として用いて
いたが、OECD条約の履行状況を評価するOECDのワーキング・グループから
次のような指摘を受けていた。

　　英国の執行機関は、外国公務員贈賄関係事件を、刑事上の答弁手続より
　も司法機関による監督が弱く、透明性も低い民事回復命令によって解決す
　る傾向を強めているが、ワーキング・グループはかかる傾向に懸念を有し
　ている。英国の執行機関が、公表される情報が低い水準にとどまる方法で
　事件を解決することは、課された制裁が効果的なものであるか、犯情に比
　例したものであるか、十分な抑止効果を有するものであるかといった点に
　関する適切な検証の妨げとなることがある。また、このことは英国にとっ
　ても、外国公務員贈賄関係事件に関するガイダンスを公表し、社会的関心
　を向上する機会の逸失につながる。[6]

---

*6　OECD Working Group on Bribery, "Phase 3 Report on Implementing the OECD Anti-
　　Bribery Convention in the United Kingdom", p.6. https://www.oecd.org/daf/anti-bribery/
　　UnitedKingdomphase3reportEN.pdf.

こうしたOECDによる指摘に対処するために、英国は、贈賄事件で法人に対する刑事訴追を行うとともに、法人に対する刑事事件を効率的に処理する必要に迫られ、このことがDPA導入の重要な契機となった。[7]

2　制度の内容

(1)　概要

英国のDPAは、米国のDPAを参考に導入されたものであり、基本的な制度設計は米国のDPAに似たものとなっている。しかし、英国の法制度や前述した導入の背景から、米国のDPAとは異なる英国独自の制度設計がなされた点もある。

(2)　DPAの当事者

英国のDPA制度は、会社等の法人に対してのみ締結当事者となる資格を与えており[8]、個人には資格を与えていない。これは、米国のDPAを参考にして導入された制度であること、また、法人の訴追を推進することを目的として導入された制度であることからすれば、当然の帰結であるといえよう。

なお、企業がSFO（Serious Fraud Office）とDPAを締結したとしても、その企業の有責従業員に対する免責は与えられない。したがって、有責従業員に対する訴追は依然として可能であり、現に、企業がDPAを締結した場合でも、その企業の有責従業員個人に対する訴追は行われている。

(3)　DPAの対象犯罪

英国のDPAは、米国のDPAと異なり、適用できる対象犯罪を限定している。すなわち、賄賂、マネーロンダリング等の経済・財産犯罪だけが対象犯罪とな

---

*7　村上康聡『海外の具体的事例から学ぶ腐敗防止対策のプラクティス』（日本加除出版、2015年）79頁。
*8　パートナーシップや法人格なき社団等も含む。

第2章　英国のDPA　　111

る。なお、対象犯罪の従犯も対象に含まれる。[9][10]

　対象犯罪は国務大臣の命令によって追加・削除できるが、追加する場合は経済・財産犯罪であることが要件とされている。[11]

⑷　DPAの内容

DPAには以下のような内容が含まれる。[12]

⒜　被疑事実（Statement of Facts）の記載（必要的記載事項）

⒝　合意違反がない場合にDPAが失効する日の記載（必要的記載事項）

⒞　企業が履践すべき事項（代表的なものは以下のとおりであるが、これらに限られない。）
　　ⅰ．制裁金の支払い
　　ⅱ．被害者に対する補償金の支払い
　　ⅲ．慈善団体その他の第三者に対する寄付
　　ⅳ．犯行によって得た利益の吐出し
　　ⅴ．コンプライアンス・プログラムの導入・修正
　　ⅵ．犯行に関連するあらゆる捜査への協力[13]
　　ⅶ．当該事件の捜査またはDPAに関して生じた検察官の合理的な費用の負担

⒟　企業がDPAの条項に違反した場合の帰結に関する記載

⑸　DPAに対する裁判官の承認

　英国のDPA制度の重要な特徴は、裁判官による実質的な承認が必要とされている点である。この点は、米国のDPAとの顕著な違いである。

　英国のDPA制度の下では、①検察官と企業がDPAの締結に向けた協議を開始した後、DPAの内容が定まる前の段階と、②検察官と企業がDPAの内容に

＊9　Part 2, Schedule 17, the Crime and Courts Act 2013.
＊10　Para. 28, Schedule 17, the Crime and Courts Act 2013.
＊11　Para. 31, Schedule 17, the Crime and Courts Act 2013.
＊12　Para. 5, Schedule 17, the Crime and Courts Act 2013.
＊13　当然、有責従業員に対する捜査への協力も含まれる。

112　第3部　現代的司法取引の世界的な拡散——米国以外の主要国の動向

ついて合意した後の段階で、それぞれ裁判官の承認が必要とされている。[*14]

　上記①の段階では、裁判官は、非公開のヒアリングを行った上で、ⓐ当該企業とDPAの締結に向けた協議を開始することが正義に合致する（in the interests of justice）可能性が高いこと、およびⓑ予定されているDPAの条項が公正かつ合理的で、犯情と比例したものであることの２点を確認する。

　上記②の段階では、裁判官は、ⓐ当該DPAが正義に合致するものであること、およびⓑ合意されたDPAの条項が公平かつ合理的で、犯情と比例したものであることの２点を確認する。[*15]そして、裁判官は、DPAを最終的に承認する際には、公開の法廷で理由を述べなければならない。

　米国と異なり、英国ではDPAの締結に際してここまで深く裁判官が関与することが必要とされているのは、制度導入の背景として見たように、民事回復命令に代わる措置として機能すべきDPAには、司法の積極的な関与と透明性が求められたという経緯があるからであると考えられる。また、英国では歴史的経緯から検察官の職責は限定的であり、量刑判断は裁判官の専権事項とされていたという制度的・歴史的な事情も影響していると見ることができよう。

⑹　DPAで定められた事項の不履行

　合意の当事者となった企業がDPAで合意した事項に違反することなくDPAの失効日を迎えた場合、当該企業に対する捜査（当然、DPAで特定されたものに限る。）は、検察官から裁判官にその旨を通知した上で終結する。[*16]ただし、DPAの失効後に、企業が検察官に対し不正確、ミスリーディングまたは不完全な情報を提供していたことが判明し、企業がその情報の不正確性等を知り、または知り得べきであったと認められるときは、検察官は当該企業に対する捜査を新たに開始することができる。

　他方、合意の当事者となった企業がDPAで合意した事項に違反したときは、検察官から裁判官に対し、企業の違反を認定するよう求める申立てがなされ

＊14　Para. 7, Schedule 17, the Crime and Courts Act 2013.
＊15　Para. 8, Schedule 17, the Crime and Courts Act 2013.
＊16　Para. 11(1)(2), Schedule 17, the Crime and Courts Act 2013.

る。検察官による申立てがあった場合、裁判官は、企業がDPAで合意した事項に違反したかどうかを審理し、違反があったと認めるときは、DPAを終了させる（すなわち、検察官は企業に対する訴追を再開できるようになる）か、検察官と企業に違反を解消するための措置を定める合意をするよう促すことができ[*18]る。このように、DPAに対する違反があった場合も、DPAを終了させるかどうかという判断を裁判官に委ねている点は、英国のDPAの特徴といえよう。

3 事例紹介

英国では、DPAの導入以降、本書執筆時点までに以下の図表に記した4件のDPAが締結されたことが明らかになっている。

図表11 英国におけるDPA適用事例の一覧

当事者	裁判官による承認がなされた日	犯罪の内容
Standard Bank PLC	2015年11月30日	外国での贈賄
XYZ（匿名）	2016年7月8日	外国での贈賄
Rolls-Royce PLC	2017年1月17日	外国での贈賄、不正会計
Tesco Stores Limited	2017年4月10日	不正会計

以下では、各案件について具体的に紹介することにしたい。

(1) 第1号案件

第1号案件は、英国のDPA施行前に起きた事件であり、英国の金融機関であるStandard Bank（以下「SB」という）のグループ会社による外国公務員贈賄事件である。SBのグループ会社が、タンザニア政府の発行する6億ドルのソブリン債について主幹事会社を務める交渉を行っていたところ、入札で便宜を受ける見返りとして、タンザニアの国税庁長官が実質的に支配するタンザニ

＊17　Para. 9(1), Schedule 17, the Crime and Courts Act 2013.

＊18　Para. 9(3), Schedule 17, the Crime and Courts Act 2013.

114　第3部　現代的司法取引の世界的な拡散——米国以外の主要国の動向

ア法人に対し、ソブリン債の発行によりSBグループが得る手数料1440万ドル（発行総額6億ドルの2.4%）のうち600万ドル（1%相当分）を支払ったものである。SBグループによる問題のタンザニア法人に対する600万ドルの送金は2013年3月15日になされたが、その大半が、支払を受けたタンザニア法人の役員によって3月27日までに口座から引き出されていた。[19]

　その後間もなく、タンザニア法人に対する支払の適正性がSBグループ内で問題となり、同年4月にSBがSFOに違法行為を自主申告するに至った。

　自主申告後、SBは、米国系の国際的な大規模法律事務所を起用して、内部調査を進めた。起用された法律事務所の弁護士は、SBグループ内に残された書類や送金記録に加えて、アフリカに所在するメールサーバーに記録されていたデータや従業員による電話の録音データ等を含む様々な資料のレビューを行った。[20]　内部調査の結果得られた証拠はSBからSFOにも提供されている。アフリカに所在するメールサーバーのデータ等は、企業の任意の捜査協力がなければ捜査機関が取得することは難しいと思われ、企業による捜査協力が具体的な成果となって結実しているといえよう。

　SBによる内部調査の結果、前記のような事実が明らかになり、2015年11月30日、SBとSFOの間で合意されたDPAが裁判官の承認を受けたことが公表された。なお、この事件でSBの法人としての刑事責任を追及するために用いられた規定は、法人の厳格責任を定めたUKBA第7条であった。この事件は、英国におけるDPAの第1号事例であると同時に、UKBA第7条が用いられた第1号事例でもある。

　DPAで合意された事項の概要は、次のようなものである。

　まず、SFOは、SBが以下の事項を履行することを約束したことを考慮して、

＊19　"Serious Fraud Office v. Standard Bank PLC (Now Known as ICBC Standard Bank PLC); Statement of Facts Prepared Pursuant to Paragraph 6(1) of Schedule 17 to the Crime and Courts Act 2013", para. 182-185. https://www.sfo.gov.uk/download/deferred-prosecution-agreement-statement-facts-sfo-v-icbc-sb-plc/?wpdmdl=7603.

＊20　"Serious Fraud Office v. Standard Bank PLC (Now Known as ICBC Standard Bank PLC); Statement of Facts Prepared Pursuant to Paragraph 6(1) of Schedule 17 to the Crime and Courts Act 2013", para. 4. https://www.sfo.gov.uk/download/deferred-prosecution-agreement-statement-facts-sfo-v-icbc-sb-plc/?wpdmdl=7603.

第2章　英国のDPA　　115

SBに対して行うべき起訴を停止することを約束している。[*21]

▶ 捜査への協力の継続（有責従業員個人に対する捜査への協力も含む。）

▶ 被害の補償（本来であればタンザニア政府が得ていた（払わずに済んだ）600万ドルおよびそれに対する利息をタンザニア政府に支払う。）

▶ 不当な利得の吐出し（贈賄の結果として得られた利益（手数料）840万ドルをSFOに支払う。）

▶ 制裁金の支払い（制裁として1680万ドルをSFOに支払う。）

▶ 捜査に要した費用の支払い（SFOの捜査に要した費用として33万ポンドをSFOに支払う。）

▶ コンプライアンス体制の整備（コンプライアンス体制の整備に関する状況を監督するため、SBの費用で監査法人を独立監査人として起用することも含まれる。）

また、SFOは、SBが以後も継続してコンプライアンス体制のレビューを実施する等の合意を全て果たしたときは、SBに対する捜査を終結することを約束している。

(2) 第2号案件

第2号案件は、英国の中小企業が合意の当事者となった。この案件では、合意の当事者となった企業の名前はまだ公表されておらず、公表文では「XYZ」と表記されている。これは、関連する刑事事件（有責従業員個人に対する刑事事件と見られる。）が未終結であり、その事件に対する予断を排除するためである。[*22] すなわち、企業の名前が公表されていないことから、大方の予想どおり、

---

*21 SFOが公表した内容によれば、SBに対する起訴の停止は、DPAが裁判官に承認された2015年11月30日のうちにすでに履行されたとのことである。https://www.sfo.gov.uk/cases/standard-bank-plc/.

*22 Norton Rose Fulbright "UK's second Deferred Prosecution Agreement", http://www.nortonrosefulbright.com/knowledge/publications/141335/uks-second-deferred-prosecution-agreement.

DPAが締結された事件で有責従業員個人に対する訴追がなされたことが推測
できる。

　事案の内容は、規模こそ違うがSBに対する第１号案件とほぼ共通であり、
契約を得るために外国公務員贈賄が行われていたとして、UKBA第７条が適用
されたものである。DPAにおける合意事項も基本的に第１号案件における合意
事項と共通するが、事案の特徴に応じて若干の違いがある。まず、第２号案件
では、合意の当事者が中小企業であることに鑑み、制裁金の大幅な減額がなさ
れ、XYZが破産を免れることができるレベルまで金額を引き下げる等の措置
が採られている。制裁金の減額に際しては、XYZが社内調査のために多額の
費用を支出し、違法行為の自主申告を含む徹底した「自己清浄化プロセス」が
なされたことが評価されている。問題発見後に適切な対応をすることの重要性
を改めて認識させる事案として注目に値するといえよう。

⑶　**第３号案件**

　第３号案件は、Rolls-Royce（以下「RR」という。）グループのエネルギー
事業や航空関連事業等の様々な事業に関連して、複数の国（インドネシア、タ
イ、ロシア、ナイジェリア、中国およびマレーシア）で、実に30年もの間、
贈賄や不正会計が行われてきたという事案である。贈賄については第１号およ
び第２号の案件と同様にUKBA第７条が適用されている。

　この事件の大まかな流れや合意事項の内容は、第１号案件と基本的に同様で
ある。この事件の特徴は、その事件規模の大きさに尽きる。この事件は、「SFO
がこれまでに行った捜査の中で最大のもの」[23]であり、RRグループがDPAで支
払を約束した金銭は合計で４億9725万ポンド（約716億円。SFOの捜査に要
した費用は含まない。）に上る。この事件のDPAを承認した決定文で、裁判官
は次のように述べている。

＊23　"Regina v. Rolls-Royce PLC, Rolls-Royce Energy Systems, Inc.; Statement of Facts
　　　Prepared Pursuant to Paragraph 5(1) of Schedule 17 to the Crime and Courts Act
　　　2013", para. 10. https://www.sfo.gov.uk/download/deferred-prosecution-agreement-
　　　statement-facts-sfo-v-rolls-royce-plc/?wpdmdl=14778.

本件記録を最初に検討した際、私は、もし、本件のように数十年にも渡って世界中の国々で巨額の賄賂が支払われ、その当然の結果としてそれを上回る利益が吸い上げられてきた事件で、ロールス・ロイスが起訴を免れたとしたら、もはや起訴されるべき企業など見出し得ないのではないか、と考えた。……一方で、私は、ロールス・ロイスがもはや以前と同じ企業ではなくなっていることを受け入れるに至った。……同社は、あらゆる未発覚の潜在的な犯行を表に出すべく完全な捜査協力と意向表明をするとともに、コンプライアンスの文化を構築するための活動を行い、過去の様々な問題への対処を長きに渡って行ってきたものである。[24]

　第3号案件の意義は、上記の記述に示されているように、捜査協力とコンプライアンス体制構築のための努力を十分に行うことによって、悪質性の高い事件でも免責を受けられる余地があるというメッセージを示したことにあるといえよう。もちろん、RRが払った代償は決して小さくはない。前記のように高額な制裁金の支払いに応じただけでなく、捜査協力に際しては、弁護士・依頼者間秘匿特権も部分的に放棄する等、相当に積極的な協力を行ったとされている。したがって、本件でDPAが裁判官に承認されたからといって、あらゆる事件が自動的に免責を受けられるわけではないことに留意が必要である。

⑷　第4号案件

　第4号案件は、Tesco PLCの子会社であるTesco Stores Limitedによる不正会計の事案であるが、個人に対する訴追がなされている関係で、裁判官の命令により、個人に対する刑事事件が終結するまでDPAの公表が禁じられている。このため、本書執筆時点ではDPAの詳細な内容は明らかでない。

　なお、第3号案件までの各事案では、DPAが裁判官に承認された日にDPA

＊24　Approved Judgment (17 January 2017), para. 61-62. https://www.judiciary.uk/wp-content/uploads/2017/01/sfo-v-rolls-royce.pdf.

締結に関するプレスリリースがSFOからなされていたが、第4号案件では、裁判官の承認がなされた日（2017年4月10日）の前に、当事者間でDPAが合意された時点（2017年3月28日）でその旨が公表された。これは、Tesco Stores Limitedの親会社であるTesco PLCがロンドン証券取引所の上場企業であり、株価に影響し得る情報の厳格な適時開示を求められていたことによる。この点は、刑事事件の捜査における秘密保持の必要性と、上場株式に関する情報の適時開示の必要性との調和を図るためにSFOの運用が修正されたものと受け止められている。

(5) 小括

以上で英国におけるDPA適用事例を通覧したが、ここまでの検討からわかるように、英国におけるDPAは、現在までのところ、外国公務員贈賄の事案を主たる対象として適用されている。これは、贈賄事件で企業の刑事責任を追及するというDPA制度導入の目的からすれば順当な運用であるといえよう。

英国におけるDPAの運用はまだ形成過程にあると言える。しかし、DPA適用事例4例の検討からもわかるように、英国でのDPAの運用は、企業のマネジメントが捜査協力およびその後の問題是正措置を真に積極的に履践することを極めて強く重視するものということができる。現に、第4号案件の公表とほぼ同時期に、当時のSFO長官であるデイビッド・グリーン（David Green）氏は次のように発言している。

> 米国のモデルを参考にして、英国に適合する形で導入されたこのDPAという新しい力が我々には与えられたわけであるが、我々はこの力をごく限定された状況でしか用いるつもりはない。その状況にあるかどうか判断する上で最も重要な要素は、企業が我々に完全に協力的であったかどうかという点である。もし企業が全く非協力的で、捜査非協力によって我々に4年も5年も余計な面倒をかけるようなことをすれば、DPAの締結が正義に合致するものであると我々から裁判官に申し述べることがおよそあり得ないことには皆様同意していただけるであろう。協力しない企業は訴追され

ることになる。[*25]

＊25　https://www.theguardian.com/business/2017/apr/10/high-court-approves-129m-fine-
　　　for-tesco-over-accounting-scandal.

第3章

フランスのDPA

1 制度導入の背景

　フランスは、2016年12月9日に成立した「透明性、汚職防止および経済活動の近代化に関する法律」（2017年6月1日施行。立法推進者の名から「サパンⅡ法」と通称される。）で、CJIPと呼ばれるDPAに極めて類似する手法を導入した。[*26]

　サパンⅡ法は、その正式名称が示すとおり、外国公務員贈賄に対する規制を強化することを目的として作られた法律である。英国と事情は似ているが、フランスも、外国公務員贈賄罪に対する刑事訴追が低調で、OECDのワーキング・グループから「当ワーキング・グループは、フランス企業が国際経済において非常に重要な地位を占めているにもかかわらず、2000年にフランスがOECD条約のメンバーとなって以降、外国公務員贈賄罪で捜査が開始された33件中5件しか有罪判決が得られていないことを深刻に懸念している。」[*27]と名指しで批判されている状況にあった。サパンⅡ法は、こうした批判を契機として成立したものである。

　サパンⅡ法は、贈賄の問題を主管する政府機関として反汚職庁（以下「AFA」という）を新設したほか、刑法の贈賄に関連する規定の地理的な適用[*28]

---

*26　フランス語の"convention judiciaire d'intérêt public"の略称。日本語に直訳すると「公益司法取引」または「公益司法合意」となるが、本書ではCJIPと呼ぶ。

*27　OECD Working Group on Bribery "Phase 3 Report on Implementing the OECD Anti-Bribery Convention in France" (2012), p.5. http://www.oecd.org/daf/anti-bribery/Francephase3reportEN.pdf.

*28　フランス語の"Agence Française anticorruption"の略称。

第3章　フランスのDPA　　121

範囲を拡張し、これまで処罰の対象とされていなかった外国公務員の職務に関するあっせん贈賄をその対象とする規定を新設する等、外国公務員贈賄に対する法執行を強化するために様々な施策を講じたものである。DPA類似の制度であるCJIPも、その一環として導入されたものである。

2 制度の内容

(1) 概要

フランスのCJIPは、対象犯罪が限定されている点や、締結に際して裁判官の承認が必要とされている点等、様々な点で、先行して導入された英国のDPAによく似た制度として設計されている。もちろん、フランス固有の特徴もあるので、その点には注意が必要である。

(2) CJIPの当事者

英国のDPAと同様に、フランスのCJIPも、法人との間でしか締結することができない。また、企業がCJIPを締結したとしても、その企業の有責従業員に対する免責は与えられない点も、英国のDPAと同様である。したがって、CJIP締結後も有責従業員は引き続き訴追の対象となり得る。

(3) CJIPの対象犯罪

英国のDPAと同様に、フランスのCJIPも、適用の対象となる犯罪を贈賄、あっせん贈賄およびマネーロンダリング等の経済・財産犯罪に限定している。

(4) CJIPの内容

CJIPで定められる事項の内容は、英国のDPAと共通するところが多い。具体的には、以下の事項を定めることができるとされている。

▶ 制裁金の支払い（当該企業の過去3年間の平均年間売上高の30%を上限とする。）

▶ 被害者に対する補償金の支払い

▶ コンプライアンス・プログラムの導入・修正（AFAの監督の下で行われる
必要がある。）

　なお、CJIPを締結するに際し、企業が被疑事実に対する刑事責任を自認す
ることは必須の要件とはされていない。このため、CJIPを締結した企業は、
自社に犯罪歴が付くことを回避することができ、ひいては公共プロジェクトへ
の入札停止等の処分を免れることが可能になる。

　もっとも、企業は、刑事責任は回避できたとしても、民事上の責任まで回避
できるわけではない。後述するように、CJIPの内容は締結から10日経過後に
公表されるため、その内容を用いて、被害者から企業に対する民事上の請求が
なされることはあり得る。CJIPを締結する企業としては、この点は覚悟して
おかなければならない。

(5)　CJIPに対する裁判官の承認

　フランスのCJIPも、英国と同様に裁判官の承認を得なければならない。た
だし、フランスでは、英国の制度のように2回の承認を得る必要はなく、合意
成立後の最終承認のみで足りる。

　裁判官は、個々の事案の事実関係に照らして、CJIPの使用が正当化されるか、
手続が適切に行われているか、制裁金の額が定められたガイドラインの基準の
範囲内にあるか、制裁金の額が犯情に比例したものとなっているかといった点
について審査する。ただし、英国の制度と異なり、フランスの制度の下では、
裁判官は、CJIPを承認するか拒否するかいずれかの判断しかできず、CJIPの
内容を修正する権限は有しない。

　なお、企業は、裁判官の承認を受けてから10日以内であれば、CJIPから離
脱（オプト・アウト）することが認められている。企業がCJIPから離脱した
場合、そのCJIPは無効となり、検察官は当該企業に対する捜査・訴追を継続
することができる。

　裁判官の承認を受けた後、企業が離脱することなく10日が経過した場合、

第3章　フランスのDPA　　123

AFAのウェブサイトでCJIPの内容が公表される。

⑹ CJIPで定められた事項の不履行

　企業がCJIPに定められた事項に違反した場合、検察官は企業に対する捜査・起訴を再開することができる。なお、企業がCJIPに定められた事項に違反したかどうかは検察官が判断することとされており、裁判官が判断することとしている英国の制度とは異なる。

3　事例紹介

　フランスでは、CJIPの導入以降、本書執筆時点までに３件のCJIPが締結されたことが明らかになっている。その概要を以下の図表に示す。

図表12　フランスにおけるCJIP適用事例の一覧

当事者	裁判官による承認がなされた日	犯罪の内容
HSBC Private Bank (Suisse) SA	2017年11月14日	マネーロンダリング等
Kaeffer Wanner SAS SET Environnement SAS Poujaud	2018年２月23日（前２社） 2018年５月25日（SAS Poujaud）	贈賄
Société Générale SA	2018年６月４日	外国での贈賄

　以下では、各案件について具体的に紹介することにしたい。

⑴ 第１号案件

　第１号案件は、国際的な金融機関であるHSBCグループのスイス法人が、脱税のための資産隠しに使われることを知りながら、フランスで納税義務を負う者に対し違法に銀行サービスを提供していたという事件である。この事件は、同スイス法人の元IT担当従業員の自宅で差押えられた電子データの中から、違法な取引の顧客リストが見つかったことが端緒となって発覚した。この顧客リ

124　第３部　現代的司法取引の世界的な拡散——米国以外の主要国の動向

図表13　第1号案件における金銭的負担

費目	金額	備考
金銭的制裁	1億5797万5422ユーロ	スイス法人の過去3年間（2014年から2016年まで）の平均年間売上高の30%に相当。 不当な利得の吐出しとして課された金銭と、純然たる制裁として課された金銭の合計である。
被害者に対する補償	1億4202万4578ユーロ	フランスの自治体等が逸失した税収を推計したもの。
合計	3億ユーロ	

ストにはフランスで納税義務を負う顧客8900名以上が記載され、2006年から2007年までの期間だけで約16億3872万ユーロ（約2097億円）が取引の対象になっていたという。この中にはフランスで正しく税務申告された資産も含まれていた可能性はあるが、その大半はフランスで適法な税務申告がなされていない資産であった。

　スイス法人による違法な取引に対する捜査が開始された後、HSBCグループは、問題の内部調査と是正に乗り出し、2000年代後半以降、役員の交代、問題事業からの撤退、グループ会社の事業に対する監督の強化および透明性の向上に向けた内部規則の制定等のコンプライアンス体制の整備を実施した。なお、時期に関する記載からわかるように、本事件は2017年のサパンⅡ法施行よりも古い時期に捜査が行われた事案である。本事件を担当した検察官があえて本件をCJIPの第1号案件に選んだのは、サパンⅡ法の施行前は刑事捜査の対象とされた企業に捜査協力やコンプライアンス体制の整備を促す法的枠組みは存在しなかったにもかかわらず、コンプライアンス体制の整備が比較的手厚くなされた事案を用いることによって、捜査機関への協力の度合いが重要な考慮要素となることを示唆する思惑があったとも推測される[29]。もっとも、本件では、

＊29　日本の協議・合意制度の第1号案件も、制度の施行前にすでに捜査が行われていた事件で、企業が自発的にコンプライアンス体制の整備を行っていた事案であったが、フランスと似たような思惑によるものとも推測されよう。

第3章　フランスのDPA　　125

企業による犯罪の自主申告や積極的な捜査協力があったわけではなく、将来的にもコンプライアンス体制の整備があればCJIPに適していると判断されるという保証はない。

　検察官とスイス法人の間で締結されたCJIPで、スイス法人は図表13に示した金銭を支払うことを合意した。

　コンプライアンス体制の整備については、すでに履行済みであると評価されたためか、CJIPでは特に遵守事項とされていない。また、被疑事実について企業が有罪を自認する旨の記載も特に設けられていない。

(2)　第2号案件

　第2号案件では、3社との間でそれぞれCJIPが締結されているが、いずれも社会的には同一の贈賄事件に関するものである。CJIPを締結した企業は、Kaeffer Wanner、SAS SET EnvironnementおよびSAS Poujaudの3社である。

　3社は、フランスの一部国有の電力会社であるElectricité de France（以下「EDF」という。）の従業員の求めに応じて、設備の新設・更新に関する契約を得るために賄賂を提供していたとされる。EDFの従業員による内部告発があった後、EDF内部で社内調査が行われ、EDFから警察に対し不正の存在が申告されるに至った。

　3社は、それぞれ検察官との間でCJIPを締結した。CJIPで、3社はそれぞれ過去3年間の平均年間売上高の30%を上限とする制裁金および被害者に対する補償を支払うことを合意した。本件における制裁金の額の算定に当たっては、いくつかの要因が考慮されている。具体的には、①捜査への協力、②コンプライアンス体制の充実、および③有責従業員に対する懲戒・異動等の実施が、金額を低減させる要素として考慮されている。このことは、英国と同様に、捜査協力やコンプライアンス体制の充実がフランスのCJIPでも重要な要素と位置付けられていることの証左であるといえよう。

　また、第2号案件では、第1号案件と異なり、各社が、合意された期間、コンプライアンス体制の整備に関するAFAの継続的な監督に服することが合意された。監督に要するコストは各社が負担することも合意されている。

(3) 第3号案件

　第3号案件は、フランスの金融機関であるSociété Générale SA（以下「SG」という。）が、リビアの国有金融機関から投資を受ける見返りとして賄賂を支払っていたという外国公務員贈賄の事件である。SGが支払った賄賂は総額で9000万ドル（約100億円）超に上るとされる。

　検察官とSGの間で締結されたCJIPで、SGは、過去3年間の平均年間売上高の30%を上限とする制裁金の支払い、およびAFAによる2年間のコンプライアンス体制の整備に関する監督に服すること（監督に要するコストはSGが負担する。）が合意された。制裁金の額は大きいが、基本的な枠組みは第1号および第2号案件における合意内容と特に大きく異なるものではないといえる。

　本件は、フランスでCJIPが裁判官に承認されたのと同じ日（2018年6月4日）に、SGと米国司法省との間でもDPAが締結されたことが公表された。[30]　なお、犯行に関与したSGのグループ会社については、起訴された上で自己負罪型の答弁取引を米国で行っている。かかる経緯が示すように、本案件は、米国とフランスの捜査当局が、同一の事件について、ともにDPAを活用して共同で捜査を進めたという点で非常に特徴的である。すでに見たように、フランスのCJIPは企業が有罪を自認することを要件としていないが、米国のDPAおよび答弁取引では企業が有罪を自認することが必要であるといった点で異なり、複数の法域でDPAを利用した捜査が行われる際の法域間の整合性には課題が残る。

＊30　https://www.justice.gov/opa/pr/soci-t-g-n-rale-sa-agrees-pay-860-million-criminal-penalties-bribing-gaddafi-era-libyan.

第4章

カナダのDPA

1 制度導入の背景

　カナダは、2018年6月21日に国王裁可を経て成立した予算執行法により刑法を改正し[*31]、Remediation Agreement[*32]（以下「RA」という。）と呼ばれる[*33]DPAに極めて類似する手法を導入した。RAを導入する規定は、予算執行法の法案に対する国王裁可後90日目に当たる2018年9月19日に施行されている。本書執筆時点では、カナダにおける公表されたRAの適用事例はまだない。

　カナダにおけるRAの導入は、米国および英国におけるDPAの成功に倣い、企業の不正行為によって生じた害悪の除去や、将来の不正行為発生を抑止するための措置の導入等の是正措置を企業に求めることができるようにするためのものである[*34]。

2 制度の内容

(1) 概要

　カナダのRAも、対象犯罪が限定されている点や、締結に際して裁判官の承認が必要とされている点等、様々な点で、先行して導入された英国等のDPAと

---

*31　An Act to implement certain provisions of the budget tabled in Parliament on February 27, 2018 and other measures (Bill C-74).

*32　The Criminal Code.

*33　日本語では、「是正措置協定」や「是正措置合意」といった訳語が適当であろう。Remediation Agreementsに関する制度を指して、"RAR" (Remediation Agreement Regime) と略称されることもある。

*34　Department of Justice Canada "Remediation Agreements and Orders to Address Corporate Crime", https://www.canada.ca/en/department-justice/news/2018/03/remediation-agreements-to-address-corporate-crime.html.

128　第3部　現代的司法取引の世界的な拡散——米国以外の主要国の動向

共通性が見られる。ただし、DPAではなくRAという名称をあえて用いている
ことが示すように、カナダの制度は被害者や社会に生じた被害の回復に重きを
置いたものとなっており、被害者や被害回復に関して他国にはない独特の条項
を設けていることが特徴的である。また、企業に犯行の自主申告や是正措置の
実施を促すという基本的な機能は英国等のDPAと基本的に同じであるが、細か
な手続の流れを見ると英国等の制度と異なる規定ぶりとなっている点も多い。

(2) Remediation Agreementの当事者

英国等のDPAと同様に、カナダのRAも、法人（パートナーシップや法人格
なき社団等を含むが、公法人、労働組合および地方自治体は除く。[35]）との間で
しか締結することができない。

なお、相手方となる政府側の当事者は検察官であるが、合意の締結に向けた
協議の開始は、検察官から企業に対し書面による通知を発して申し入れること
とされている[36]。また、検察官は、協議の開始について司法長官（Attorney
General）の同意を得なければならないとされている[37]。

(3) Remediation Agreementの対象犯罪

英国等のDPAと同様に、カナダのRAも、対象となる犯罪を、外国公務員贈
賄を含む贈賄、詐欺、マネーロンダリング等の経済・財産犯罪に限定してい
る[38]。

ただし、形式的に対象犯罪に該当する場合であっても、以下のいずれかに該
当する場合は、RAを締結することはできない[39]。

▶ 犯行によって人の死亡または身体に対する重大な傷害が生じたとみられる
場合

---

*35 Section 2 and 715.3(1) of the Criminal Code.
*36 Section 715.33(1) of the Criminal Code.
*37 Section 715.32(1)(d) of the Criminal Code.
*38 Schedule to Part XXII.1 of the Criminal Code.
*39 Section 715.32(1)(b) of the Criminal Code.

第4章　カナダのDPA　129

▶ 犯行によって国家の防衛または安全に対する障害が生じたと見られる場合

▶ 犯行が犯罪集団またはテロリスト集団の利益のためになされたり、それらの集団と共同で行われるなどした場合

⑷ Remediation Agreementの内容

RAの内容は、英国等と基本的に同様である。

【主な必要的記載事項】[*40]

(a) 被疑事実およびその関連事実の記載（Statement of Facts）

(b) 企業による有責性の自認

(c) 犯行に関係した全ての者の特定に資する情報提供の継続

(d) 犯行に関連するあらゆる捜査への協力の継続

(e) 犯行から直接的または間接的に得られた財産や利益の吐出し

(f) 制裁金の支払い

(g) 被害者に対する賠償の支払い（被害者に対する賠償の実施が適当でないと認められるときは、その理由に関する検察官の説明が必要的記載事項となる。）

(h) 合意事項の実施状況に関する検察官に対する報告義務

【任意的記載事項】[*41]

(a) コンプライアンス対策の実施

(b) 当該事件の捜査に関して生じた検察官の合理的な費用の負担

(c) コンプライアンス対策の実施状況を監督する独立監査人の起用

⑸ Remediation Agreementに対する裁判所の承認

英国等のDPAと同様に、カナダのRAも裁判所の承認を得なければならない。具体的な手続としては、検察官は、企業との間でRAの内容について合意し

---

*40　Section 715.34(1) of the Criminal Code.

*41　Section 715.34(3) of the Criminal Code.

130　第3部　現代的司法取引の世界的な拡散——米国以外の主要国の動向

た後、裁判所に対し、RAの承認を求める申立てをしなければならない。[*42]

　裁判所は、審理の上で、ⓐ当該企業がRAを適用できる対象犯罪で訴追されていること、ⓑ当該合意が公共の利益に合致するものであること（in the public interest）、およびⓒ合意の条項が公正かつ合理的で、犯情と比例したものであることの3点を確認したときは、RAを命令で承認するものとされている。[*43]

　なお、裁判所は、RAを承認するかどうかを審理する際、犯行が被害者や社会にもたらした影響の大きさや被害回復のためになされた措置の内容等を考慮しなければならないとされている。[*44] かかる規定は、DPAを導入した他の国ではあまり見られないところであり、カナダのRA制度の特徴の一つであるといえよう。

　RAは、裁判所の承認を受けた後、速やかに公開されなければならない。[*45] ただし、裁判所は、司法権の適切な行使のために必要と認めたときは、RAの全部または一部を非公開とすることを決定できる。[*46]

⑹ Remediation Agreementで定められた事項の不履行

　裁判所による承認後、RAが効力を有する間は、合意の当事者となった企業に対する刑事手続は停止され、[*47] 合意の対象となっている事件に関し、停止中の手続とは別の手続を開始することも禁じられる。[*48] ただし、RAが効力を有する間は、合意の対象となっている事件に関する時効の進行も停止する。[*49]

　合意の当事者となった企業がRAで合意された義務を全て果たしたときは、裁判所は、検察官の申立てにより、合意事項の履行完了を宣言する命令を出

---

*42　Section 715.37(1) of the Criminal Code.
*43　Section 715.37(6) of the Criminal Code.
*44　Section 715.37(3) and (4) of the Criminal Code.
*45　Section 715.41(1) of the Criminal Code.
*46　Section 715.42(2) of the Criminal Code.
*47　Section 715.37(7) of the Criminal Code.
*48　Section 715.37(8) of the Criminal Code.
*49　Section 715.37(9) of the Criminal Code.

第4章　カナダのDPA　　131

す。この命令後、合意の対象となっている事件に関する手続を再開すること[*50]
はできなくなり、企業は事実上の免責を受けられることになる。[*51]

　他方、合意の当事者となった企業がRAで合意された義務に違反したときは、裁判所は、検察官の申立てにより、合意の失効を宣言する命令を出す。[*52]この命令後、停止されていた刑事手続が再開され、[*53]企業は有罪判決を受ける危険に再度さらされることになる。

　なお、RAの締結に向けた協議の過程でなされた陳述等は、協議の当事者となった企業に対する手続における証拠能力を否定される。ただし、一旦合意されて裁判所の承認を受けたRA中の、被疑事実等に関する記載（Statement of Facts）または企業による有責性の自認に関する記述に含まれる内容はこの限りでないとされており、[*54]再開後の手続で企業に不利な証拠として用いられる可能性がある。

＊50　Section 715.4(1) of the Criminal Code.
＊51　Section 715.4(2) of the Criminal Code.
＊52　Section 715.39(1) of the Criminal Code.
＊53　Section 715.39(2) of the Criminal Code.
＊54　Section 715.33(2) and 715.34(2) of the Criminal Code.

第5章

シンガポールのDPA

1 制度導入の背景

　シンガポールは、2018年に成立した「2018年刑事司法改革法」[*55]（2018年3月19日に議会で可決、2018年4月11日に大統領が承認。）でDPAが導入された。DPAに関する規定は、2018年10月31日に施行されている。本書執筆時点では、シンガポールにおける公表されたDPAの適用事例はまだない。

　シンガポールにおけるDPAの導入は、米国および英国におけるDPAの成功に倣ったものである。また、シンガポール特有の事情として、司法長官（Attorney General）およびその下にいる検察官に訴追に関する極めて広範な裁量が認められていて、しばしば訴追・不訴追の理由が十分に示されない等、透明性を欠く運用がなされているとの批判があったとされている。[*56]このため、制度設計に当たっては、英国のDPAと同様に、透明性への配慮が色濃く表れている。

2 制度の内容

(1) 概要

　シンガポールのDPA制度は、端的に言えば、英国のDPA制度と非常によく

＊55　Criminal Justice Reform Act 2018.

＊56　Siyuan Chen & Eunice Chua "2018 Changes to the Evidence Act and Criminal Procedure Code: The Criminal Justice Reform Bill and Evidence (Amendment) Bill [Comment]", Singapore Academy of Law Journal, published on e-First 20 October 2018, para. 30. https://journalsonline.academypublishing.org.sg/Journals/Singapore-Academy-of-Law-Journal/e-First/ctl/eFirstPDFPage/mid/519/ArticleId/1179/Citation/eFirstPDF.

第5章　シンガポールのDPA　133

似たものとなっている。これは、シンガポールが英国のコモン・ローの法体系に属する国であるという点はもちろんであるが、米国のDPA制度について不十分とみられる点についても検討した結果であると考えられる。シンガポール政府は、同国へのDPAを導入するに際し、米国および英国のDPA制度を踏まえた検討を行っているが、米国のDPAは、司法機関（裁判所）の関与・監督が限定的であり、透明性が十分でないといった点を考慮し、英国のDPA制度に倣った制度を採用したものと考えられる。

⑵　DPAの当事者

英国のDPAと同様に、シンガポールのDPAも、法人（パートナーシップや法人格なき社団等を含むが、個人は含まない。）との間でしか締結することができない。[57]

⑶　DPAの対象犯罪

英国のDPAと同様に、シンガポールのDPAも、適用の対象となる犯罪を贈賄およびマネーロンダリング等の経済・財産犯罪に限定している。[58]

⑷　DPAの内容

シンガポールのDPAには以下のような内容が含まれる。[59]基本的には、英国のDPAの内容に近いといえよう。

(a)　被疑事実およびその関連事実の記載（Statement of Facts。必要的記載事項）

(b)　合意違反がない場合にDPAが失効する日の記載（必要的記載事項）

---

[57]　Clause 35 of the Criminal Justice Reform Act adding Section 149D to the Criminal Procedure Code.

[58]　Clause 35 of the Criminal Justice Reform Act adding Section 149A and the Sixth Schedule to the Criminal Procedure Code.

[59]　Clause 35 of the Criminal Justice Reform Act adding Section 149E to the Criminal Procedure Code.

(c) 企業が履践すべき事項（代表的なものは以下のとおりであるが、これらに限られない。）

　　i．制裁金の支払

　　ii．被害者に対する補償金の支払

　　iii．慈善団体その他の第三者に対する寄付

　　iv．犯行によって得た利益の吐出し

　　v．コンプライアンス・プログラムの導入・修正

　　vi．コンプライアンス体制の状況を監督する独立監査人の起用

　　vii．犯行に関連するあらゆる捜査にへの協力[*60]

　　viii．当該事件の捜査またはDPAに関して生じた検察官の合理的な費用の負担

(d) 企業が合意事項を履行すべき期限

(e) 企業がDPAの条項に違反した場合の帰結に関する記載

(5) DPAに対する裁判所の承認

　英国のDPAと同様に、シンガポールのDPAも裁判所の承認を得なければならない。ただし、英国の制度のように2回の承認を得る必要はなく、合意成立後の最終承認のみで足りる。

　具体的な手続としては、検察官は、企業との間でDPAの内容について合意した後、高等法院[*61]に対し、DPAの承認を求める申立てをしなければならない。[*62]

　高等法院は、非公開のヒアリングを行った上で、ⓐ当該DPAが正義に合致するものであること（in the interests of justice）、およびⓑ合意されたDPAの条項が公平かつ合理的で、犯情と比例したものであることの2点を確認する。

　高等法院による承認後、検察官は、高等法院が公表延期を特に命じた場合を除き、DPAの内容を公表しなければならない。

＊60　当然、有責従業員に対する捜査への協力も含まれる。

＊61　英語では"High Court"。「高等裁判所」と訳されることもあるが、より正確には、最高裁判所の一部を成す特定の種別の法廷を指すため、本書では「高等法院」と訳している。

＊62　Clause 35 of the Criminal Justice Reform Act adding Section 149F to the Criminal Procedure Code.

⑹ DPAで定められた事項の不履行

合意の当事者となった企業がDPAで合意した事項に違反することなくDPAの失効日を迎えた場合、検察官から高等法院に対する通知を経て、当該企業に対する訴追が禁じられる[63]。ただし、失効日が到来した後であっても、企業が検察官に対し不正確、ミスリーディングまたは不完全な情報を提供していたことが判明し、企業がその情報の不正確性等を知り、または知り得べきであったと認められるときは、検察官は当該企業に対する刑事手続を新たに開始することができる[64]。

他方、合意の当事者となった企業がDPAで合意した事項に違反したときは、検察官から高等法院に対し、企業の違反を認定するよう求める申立てがなされる。検察官による申立てがあった場合、高等法院は、審理の上、企業による合意違反があったと認めるときは、DPAを終了させなければならない[65]（すなわち、検察官は企業に対する訴追を再開できるようになる。）。

---

*63　Clause 35 of the Criminal Justice Reform Act adding Section 149I(1) to the Criminal Procedure Code.

*64　Clause 35 of the Criminal Justice Reform Act adding Section 149I(2) to the Criminal Procedure Code.

*65　Clause 35 of the Criminal Justice Reform Act adding Section 149G(1) to the Criminal Procedure Code.

第6章

オーストラリアのDPA

1　制度導入検討の背景

　オーストラリアは、2017年12月6日に国会に提出された法案（「企業犯罪と戦うための犯罪立法修正法案^{＊66}」）でDPAの導入を予定している。ただし、本書執筆時点では、法案はまだ国会で審議中であり、成立には至っていない。

　オーストラリアがDPAの導入を目指す理由は、これまで見てきた各国における事情と基本的に同じであり、企業の捜査協力を得る仕組みがなければ深刻なホワイトカラー犯罪に対処できないという危機感によるものといえる。2017年3月31日付のプレスリリースで、当時の司法大臣であるマイケル・キーナン（Michael Keenan）氏は次のように述べている。

　　企業犯罪のインパクトは過小評価できるものではなく、企業犯罪はオーストラリアに毎年年間85億ドルを超える損害をもたらして、これはオーストラリアにおける犯罪によって生じた全損害の実に約40％に相当する。……DPA制度は、企業に捜査協力に応じるインセンティブを付与することによって、捜査機関が実業界と協働して企業犯罪を発見・処理するのを助けるとともに、検察官に新しい手法を与えるものである^{＊67}。

＊66　Crimes Legislation Amendment (Combatting Corporate Crime) Bill 2017.
＊67　"New tools to tackle white-collar crime", http://webarchive.nla.gov.au/gov/20171112224002/ https://www.ministerjustice.gov.au/Media/Pages/New-tools-to-tackle-white-collar-crime. aspx.

第6章　オーストラリアのDPA　137

オーストラリア政府は、こうした問題意識から、米国および英国に倣って
DPAの導入を進めているのである。

2　制度の内容

(1)　概要

オーストラリアではまだDPAが導入されたわけではないが、公表されている
法案等に基づき、現時点で予定されている内容を概観する。基本的には、オー
ストラリアのDPA制度も、米国および英国のDPA制度と同じコンセプトで制
度設計されているため、制度の内容も共通する点が多い。

なお、DPA制度の利用は検察官の裁量に委ねられるが、オーストラリア政府
は検察官が裁量権を行使する際に考慮すべき事項に関するガイドラインの草案
を2018年5月に公開している。[68]

(2)　DPAの当事者

英国のDPAと同様に、オーストラリアのDPAも、個人以外の者、すなわち
法人等との間でしか締結することができない。[69]

(3)　DPAの対象犯罪

英国のDPAと同様に、オーストラリアのDPAも、適用の対象となる犯罪を
贈賄およびマネーロンダリング等の経済・財産犯罪に限定している。[70]

---

*68　https://www.ag.gov.au/Consultations/Documents/Deferred-prosecution-agreement-scheme-code-of-practice/Deferred-prosecution-agreement-scheme-draft-code-of-practice.pdf.

*69　Part 3, Schedule 2 of the Bill adding Article 17A to the Director of Public Prosecutions Act 1983.

*70　Part 3, Schedule 2 of the Bill adding Article 17B to the Director of Public Prosecutions Act 1983.

⑷　**DPAの内容**

オーストラリアのDPAには以下のような内容が含まれる。基本的には英国の
DPAに近いといえよう。

【必要的記載事項[*71]】

(a)　被疑事実の記載（Statement of Facts。必要的記載事項）

(b)　合意違反がない場合にDPAが失効する日の記載（必要的記載事項）

(c)　企業が遵守すべき条件

(d)　企業が支払うべき制裁金の額

(e)　合意違反となる場合についての記述

(f)　企業が不正確な情報等を提供した場合に訴追されることへの同意

【任意的記載事項[*72]】

(a)　企業が履践すべき事項

　i．被害者に対する補償金の支払い

　ii．慈善団体その他の第三者に対する寄付

　iii．犯行によって得た利益の吐出し

　iv．コンプライアンス・プログラムの導入

　v．犯行に関連するあらゆる捜査への協力[*73]

　vi．当該事件の捜査またはDPAに関して生じた検察官の合理的な費用の負担

(b)　企業がDPAの条項に違反した場合の帰結に関する記載

(c)　その他、検察官が適当と認める事項

なお、ガイドラインの草案では、DPAの合意に向けた協議は、企業が犯罪を
自主申告するとともに協議の申出をすることによって開始されるべきである旨

＊71　Part 3, Schedule 2 of the Bill adding Article 17C(1) to the Director of Public
　　　Prosecutions Act 1983.

＊72　Part 3, Schedule 2 of the Bill adding Article 17C(2) to the Director of Public
　　　Prosecutions Act 1983.

＊73　当然、有責従業員に対する捜査への協力も含まれる。

第6章　オーストラリアのDPA　　139

を記載している。[*74]

(5) DPAに対する第三者の承認

検察官は、企業との間でDPAの内容について合意した後、DPA承認担当者（Approving Officer）の承認を求めなければならない。英国等のDPA制度と異なり、DPA承認担当者は、現職の裁判官ではなく、裁判官として勤務した経験のある者その他必要な知識・経験を有する者の中から任命される。[*75]基本的には元裁判官が任命されることになるのではないかと推測される。

DPA承認担当者は、審理の上、ⓐ当該DPAの条項が正義に合致するものであること、およびⓑ合意されたDPAの条項が公平かつ合理的で、犯情に比例したものであることの2点を確認する。[*76]

DPA承認担当者の承認を受けた後、検察官は、原則として承認から10日以内にDPAの内容をウェブサイトで公表しなければならない。[*77]ただし、必要な場合には、DPAの内容の全部または一部を非公表とすることができる。[*78]

(6) DPAで定められた事項の不履行

合意の当事者となった企業がDPAで合意した事項に違反することなくDPAの失効日を迎えた場合、DPAの効力は終了するが、当該企業に対する訴追は引き続きできない。ただし、DPAの失効の前後にかかわらず、企業が検察官に対し不正確、ミスリーディングまたは不完全な情報を提供していたことが判明し、企業がその情報の不正確性等を知り、または知り得べきであったと認められる

---

*74 "Consultation Draft; Deferred Prosecution Agreement Scheme Code of Practice", para. 2.1.

*75 Part 3, Schedule 2 of the Bill adding Article 17G to the Director of Public Prosecutions Act 1983.

*76 Part 3, Schedule 2 of the Bill adding Article 17D(4) to the Director of Public Prosecutions Act 1983.

*77 Part 3, Schedule 2 of the Bill adding Article 17D(7) to the Director of Public Prosecutions Act 1983.

*78 Part 3, Schedule 2 of the Bill adding Article 17D(8)(9) to the Director of Public Prosecutions Act 1983.

ときは、当該企業に対する訴追が許される。[79]

　他方、合意の当事者となった企業がDPAで合意した事項に違反したと認められるときは、DPAは失効し、検察官は企業に対する訴追を再開できるようになる。[80]

---

[79]　Part 3, Schedule 2 of the Bill adding Article 17A(3) to the Director of Public Prosecutions Act 1983.

[80]　Part 3, Schedule 2 of the Bill adding Article 17E(1) to the Director of Public Prosecutions Act 1983.

第6章　オーストラリアのDPA　141

第7章

小括　5カ国のDPA制度に共通する要素

　ここまで5カ国のDPA制度を概観してきたが、各国の制度は、制度の名称や手続の細かい点で違いはあるが、基本的な制度設計はほとんど共通しているといってよい。これは、ここまでの検討で見てきたように、DPA制度が、各国の独自の思い付きから導入されたものではなく、先行した米国における成功に倣い、ときに外国公務員贈賄に関するOECDの勧告等を契機として、ホワイトカラー犯罪を摘発する上で各国が共通して抱えていた課題に対処するために導入されたものだからである。

　ここまで見てきた米国以外の5カ国のDPA制度に共通する要素は、次の4つに整理することができよう。すなわち、①当事者の限定、②対象犯罪の限定、③第三者による内容の承認、④DPAに組み込まれる内容の4つである。

① 　当事者の限定

　5カ国とも、DPAの合意の当事者となる資格を会社等の法人だけに限定している。カナダのように、公法人等は除くといった細かいレベルでの定義規定を設けているかどうかという点で違いはあるが、いずれの国の制度も基本的には会社が当事者となることを想定して作られている。この点は、米国における運用とも基本的に同じである。

　DPA制度の当事者となる資格が基本的に会社に限定されているのは、DPA制度が、企業に捜査協力と問題是正措置の実施を促すことを目的とした制度であることの証左である。また、DPA制度に対する国民の信頼性を確保することも、制度設計に当たっての考慮要素になっていると推測される。犯行に関与した個人や、正常な事業ではなく犯罪を目的とした犯罪組織にDPA制度の当事者

142　　第3部　現代的司法取引の世界的な拡散——米国以外の主要国の動向

図表14　5カ国のDPA制度に共通する要素

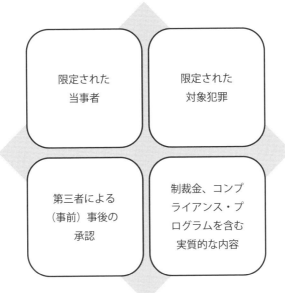

となる資格が与えられていないのは、これらの者は、自らの意思で犯罪に関与したものである以上、DPA制度によって免責を受けるようなことになれば、もはや刑事処罰の本来の目的が失われることになりかねず、ひいては刑事司法制度に対する国民の信頼を損ねることにもなりかねないといった考慮がなされたものと思われる。

② 対象犯罪の限定

5カ国とも、DPA制度を適用できる犯罪を特定の経済・財産犯罪に限定している。米国は、対象犯罪を明文で限定しているわけではないが、運用上は経済・財産犯罪に限定して適用されており、5カ国のDPA制度との間で実質的な違いがあるとはいえない。

各国ともDPA制度の対象犯罪を限定する方針を採っているのは、各国がDPA制度を導入するに至った契機が外国公務員贈賄等のホワイトカラー犯罪への対

処にあったことにもよると思われるが、やはり犯罪の中にはDPA制度による免責に適しないものがあり、それらを排除する必要があったものと思われる。

この点については、カナダの制度が特に象徴的である。カナダのRA制度は、対象犯罪を一定の経済・財産犯罪に限定しているが、形式的に対象犯罪に該当する場合であっても、犯行によって人の死亡または身体に対する重大な傷害が生じたとみられる場合や、犯行が犯罪集団等の利益のためになされたものである場合には、RAを締結することはできないと定めている。この制限は、まさにDPA制度による免責を与えることに躊躇を感じざるを得ない事案を排除することを意図したものであり、他の国の制度も、ここまで明確な規定は置かないまでも、対象犯罪を限定する基本的な意図は共通していると考えられる。

③　第三者による内容の承認

5カ国とも、DPAが有効となるためには、内容について裁判所等の承認を受ける必要があると定めている。5カ国の中では、オーストラリアのみ、現職の裁判官ではなく、DPA承認担当者（Approving Officer）による承認を許している点で特異だが、DPA承認担当者は基本的に元裁判官が選任されることになると思われ、緩やかながら司法的な関与が必要とされていると言うことはできよう。米国では、DPAについては裁判所の承認が必要となるが、NPAについては裁判所の関与は必要とされておらず、他の5カ国の制度とはやや異なる制度となっている。

いずれの国も、程度の差こそあれ、DPAの締結に際して裁判所等の承認を要求しているのは、一見よいこと尽くめに見えるDPAも、所詮は検察官と刑事事件の当事者との間でなされる取引の一種に過ぎず、関係当事者の思惑によって歪んだ結果がもたらされるおそれがどうしても付きまとうからであるといえよう。もちろん、いずれの国でも、検察官は、公訴権を担う者として一定の信頼と裁量が与えられている。しかし、検察官であっても、取引の当事者となれば、捜査協力によって得られるメリットの大きさに惹かれるなどして、歪んだ結果をもたらす取引に応じてしまう危険から完全に自由になることはできない。各国とも、非当事者による承認を必須としているのは、かかる認識を前提として

144　第3部　現代的司法取引の世界的な拡散——米国以外の主要国の動向

いるためであると考えられる。

④　DPAに組み込まれる内容

　５カ国とも、DPAで定めるべき合意事項はおおむね共通している。すなわち、継続的な捜査協力、制裁金の支払い、不当に得た利得の吐出し、被害者に対する補償、およびコンプライアンス体制の導入・修正の５つが、DPAの中核的な合意事項であると整理できよう。米国における運用も、おおむね５カ国と共通していると言える。

　これらの合意事項から、DPA制度は単に企業に捜査協力をさせるだけの制度ではなく、問題是正のための様々な措置を企業に実施させることにより、犯罪によって生じた問題の根本的な解決に資することを目的とした制度であることが確認できる。もちろん、DPA制度が活用されるようになった当初の理由としては、従来型の捜査手法ではホワイトカラー犯罪の訴追が十分に行えず、企業による捜査協力を促すツールが必要であったという事情がある。しかし、その後の運用では、問題の是正のための措置、特にコンプライアンス体制の導入・修正が十分に行われているかといった点が重視されるようになっている。また、被害者への補償や不当な利得の吐出しを企業に義務付けることにより、企業に簡単に免責を与えるのではなく、あくまでも自ら身銭を切った企業に対してのみ恩典を与える仕組みとなってきている。

　以上の４つの要素は、米国およびその後にDPA制度を導入した各国の制度に共通するものとなっており、もちろん様々な問題は抱えつつも、事実上のグローバル・スタンダードとしてある程度定着したものといえよう。本書執筆時点では、インドやインドネシアでもDPA制度の導入が議論されているといった情報があり、今後もDPA制度を導入する国は増加し続けると思われる。そして、それらの国で新たに導入されるDPA制度も、基本的には上記の４つの要素を含むものになる可能性が高いと推測される。

　2018年６月に施行された日本の協議・合意制度は、DPA制度とは異なるものではあるが、各国でDPA制度が相次いで導入された背景にあるのと基本的に

同じ問題意識の下で導入された制度であるといえる。特に対象犯罪の限定に関する点などは、各国のDPA制度で採用されている方法・内容が、ほぼそのままコピーされているといってよい。しかし、日本の協議・合意制度は、合意の当事者が法人に限定されていない点、合意内容の公正性等を裁判所等がチェックする仕組みがない点や、不当に得た利得の吐出し等を企業に義務付ける仕組みがない点で、DPA制度のグローバル・スタンダードから大きく外れたものとなっている。

　日本の協議・合意制度の第1号案件では、合意の当事者となった企業は、従業員を売って、自らは無傷で免責を受けたといった批判を受けた。これは、「不当に得た利得の吐出し等を企業に義務付ける仕組みがない」という上記の問題点がまさに発露したものである。

　また、第2号案件では、事実関係が必ずしも明らかでない点はあるが、社内の権力抗争に協議・合意制度が利用されたのではないかという疑惑が指摘されている。これは、「合意内容の公正性等を裁判所等がチェックする仕組みがない」という上記の問題点に由来するものといえよう。

　日本の協議・合意制度が今後どのように活用されていくかはまだわからないが、これまでの議論は、捜査機関による行き過ぎた取調べの是正と、それに代わる証拠獲得手段の導入といった点だけが強調された内向きの議論が多く、世界的な潮流の中に日本の制度を位置付けた分析・議論があまりにも少なかったように思われる。今後、上記のDPA制度の4つの要素に代表されるグローバル・スタンダードとの関係をも意識した議論が活発に行われていくことを期待したい。

第4部
日本の協議・合意制度の検討
——米国等の司法取引事情を踏まえて

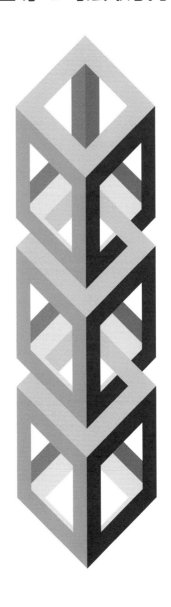

第4部では、ここまで見てきた米国等の司法取引事情を踏まえて、日本の協議・合意制度の運用に際しての留意点や問題点について考えてみたい。協議・合意制度については、すでに様々な立場から文献が発表されているが、立法に至る過程で検討されてきた内容に基づく建前的な議論がなされることが多く、弁護人が具体的な事件で協議・合意制度と向き合う際にどのような点に留意すべきなのかといったところまで踏み込んだものは少ないように思われる。

　本書では、ここまで見てきた米国等における司法取引事情についての検討、および古典的司法取引・現代的司法取引という分類を足がかりとして、弁護人の立場に立ってできるだけ具体的な検討を試みる。

第1章

協議・合意制度の利用形態

　ここまで見てきたように、米国で誕生・発展してきた司法取引は、個人を被疑者・被告人とする事案で手続の効率化を実現する道具として用いられてきただけでなく、ホワイトカラー犯罪の事案で企業の捜査協力を促す道具としても用いられてきた（第2部）。そして、企業の捜査協力を促す形の司法取引（現代的司法取引）は、ホワイトカラー犯罪に対する有用性が認められ、近年、米国以外の国でも採用が広がっている（第3部）。

　日本の協議・合意制度は、このように、伝統的な捜査協力型司法取引（古典的司法取引）に加えて、企業を協力者とする新しいタイプの捜査協力型司法取引（現代的司法取引）が台頭してきた状況の中で導入された。そこでまず問題となるのは、日本の協議・合意制度は、古典的司法取引と現代的司法取引のどちらを想定した制度であるのかという点である。

　協議・合意制度の導入に向けた立法過程における議論や、検察庁が取りまとめた「検察による当面の運用に関する考え方」では、会社等の法人が協力者となる場合についてはほとんど言及がなく、個人が協力者となる場合を原則的な適用形態として想定しているように見える。また、立法過程における議論やそれを踏まえてなされた制度設計が、いわゆる巻込みの危険に対する懸念への対処に注力してきたことからも、協議・合意制度は、基本的には古典的司法取引として利用されることを想定して作られた制度であると言える。

　もっとも、会社等の法人も合意の主体となり得ることは立法過程から言及されていたことや、対象犯罪がホワイトカラー犯罪を中心として構成されていることから、現代的司法取引として利用することも予想され、いずれの形で利用されるかという点は実際に制度が施行されるまで予測しづらいところであった。

第1章　協議・合意制度の利用形態　　149

実際に蓋を開けてみると、協議・合意制度の第1号案件は、会社を協力者とし、その従業員を標的とする現代的司法取引の事案であった。協力者となった会社のプレスリリース等によれば、この会社は、協議・合意制度の施行の約3年前には自社の犯罪について検察庁に報告し、協議・合意制度の適用については検察庁側から申入れがあったとのことであり、検察庁にこの事件を協議・合意制度の第1号案件とするとの明確な意図があったことが窺える。

　端的に言えば、日本の協議・合意制度は、古典的司法取引としても、現代的司法取引としても利用し得る制度となっている。ただし、協議・合意制度は、基本的には古典的司法取引を想定して制度設計がなされているうえ、必ずしも柔軟性の高い制度に仕上がっているとは言えないため、これを現代的司法取引として利用しようとするとどうしても無理が生じる場面が出てくる。

　この先、古典的司法取引と現代的司法取引のいずれが協議・合意制度の運用の主流になっていくかという点は、現段階では予測が難しい。ただ、すでに見てきたように、古典的司法取引と現代的司法取引は、様々な点で性質が異なるため、同じ協議・合意制度であってもどちらの形態として運用するかによって留意点や問題点は異なってくる。以下では、それぞれの場合について、第2部・第3部で見てきた米国等における司法取引事情の検討から生じた問題意識を踏まえて、協議・合意制度の運用上の留意点や問題点を検討する。

第2章────────

古典的司法取引として用いる場合

1　想定される典型的な事例

　協議・合意制度が古典的司法取引として利用される場合の典型的な事例としては、次のようなものが考えられる。

> 　高齢者をターゲットとした振り込め詐欺事件が発生し、銀行のATMで金を引き出したXがいわゆる「出し子」として逮捕された。Xは、Yという人物から犯行を指示された可能性が高いとみられたが、犯行を指示した者に関する供述を拒否している。Yは、別件の振り込め詐欺事件でも犯行を主導した疑いが持たれているが、未だ決め手となる証拠がなく、捜査機関はYに関する重要な証拠が得られるのであれば、末端のXの刑事責任を軽減することも考慮に値すると考えている。

　上記のような事案で、末端のXが、首謀者であるYに関する供述等を捜査機関に提供し、自らの刑事責任を軽減しようとするケースは、まさに協議・合意制度が古典的司法取引として用いられる場合に当たる。以下、上記のような事案を念頭に置きながら、協議・合意制度の適用に際して生じる留意点・問題点を検討する。

第2章　古典的司法取引として用いる場合　　151

2 協力者（Ｘ）の弁護人から見た場合

(1) 協力者の弁護人の役割

これまでに見てきたように、協議・合意制度に関する立法過程における議論は、協議・合意制度によって生じ得る巻込みの危険をいかにして抑えるかという点に主眼が置かれてきた。このため、合意に向けた協議は必ず協力者となる被疑者・被告人の弁護人を交えて行わなければならず[*1]、かつ、合意をするには弁護人の同意が必須とされた[*2]。その理由としては、「弁護人としては、合意をするまでの間に被疑者・被告人と十分な打合せを行うこととなると考えられ、その過程において、合意をした場合にどのような供述をすることができるか等についても十分に確認することになると考えられるところ、仮にその内容に不審を抱いた場合には、弁護人としての職業倫理上、当然、それを指摘して被疑者・被告人に確認することになると考えられます……。したがって、協議・合意の手続に被疑者・被告人の弁護人が関与することは、いわゆる巻込みの防止に資すると考えられます。[*3]」といったように、巻込みの防止に資するという点が強調されることが多い。

確かに、協力者の弁護人が協議に関与することは、関与しない場合と比べれば巻込みの防止に資するところはあろう。しかし、巻込みの危険を抑えるために協力者の弁護人を関与させる必要があるという説明は、あたかも協力者以外の者の利益を守ることを協力者の弁護人の職責として課すものであるように見え、根本的には違和感がある。

ここで米国の事情を見てみると、検察官は、検察官倫理上、弁護人を差し置いて被疑者・被告人と直接取引の協議を行ってはならないとされているが[*4]、これはあくまでも協力者となる被疑者・被告人の利益を保護するためのものと

---

*1 刑事訴訟法350条の４。
*2 刑事訴訟法350条の３第１項。
*3 吉田雅之『一問一答 平成28年刑事訴訟法等改正』（商事法務、2018年）62頁。
*4 American Bar Association "Criminal Justice Standards for the Prosecution Function (Fourth edition)", Standard 3-5.6(b).

位置付けられている。第2部で見たように、米国における司法取引の大半を占める答弁取引は、被告人に認められた憲法上の権利(陪審裁判を受ける権利等)の放棄を伴うものである。このため、被告人にとっては、かかる権利の放棄が適切であるかどうかを判断するために弁護人の助言を受ける必要があり、この点が、原則として弁護人の協議への関与を必要とする根拠となっている。しかし、かかる弁護人による保護は、あくまでも被告人の利益を守るためのものであり、保護を受けるべき被告人が不要と考えれば放棄（waive）することも可能である。

　米国における上記のような考え方は、日本の協議・合意制度にもある程度妥当するところがあるように思われる。すなわち、弁護人の本来的な役割は、協力者となる被疑者・被告人の利益を守るために必要な助言をすること、より具体的に言えば、協力者が自らの刑事責任を自認することの是非について協力者に助言するとともに、協力の結果として協力者に認められる恩典の内容が適切であるかといった点について適切に助言することにこそある、と考えるべきである。当然ながら、弁護人としては、合意を実現させることが協力者の利益になると考えれば、合意の実現に向けて戦略的に行動することも必要になる。また、協力者の供述に不審な点があると、協議を前進させるために必要な検察官の信頼を得られないおそれがあるため、不審な点について協力者との打合せで明確にしておくことも、協力者の利益を確保するために弁護人が果たすべき職責であると言える。しかし、立法過程における議論で言及されていたような巻込みの防止は、あくまでも弁護人が上記の役割を適切に果たした結果として生じる副次的な効果に過ぎないと考えるべきであろう。当たり前のことではあるが、協議・合意制度に関する多くの文献では、この当たり前の点が指摘されることが少ないように見受けられるため、ここであえて確認しておくものである。

⑵　**協議開始の申入れはどちらから行うか**

　協議開始の申入れは、理論上は、被疑者・被告人の側から行うこともでき

る。もっとも、古典的司法取引の場合には、現実には被疑者・被告人の側から協議開始を申し入れることは難しく、検察官から協議開始の申入れをしてくることが多くなると予想される。

　古典的司法取引の場合には、協力者となるべき個人について、組織的な犯罪に関与していたとの具体的な疑いがすでに存在することが通常である。協力者となるべき個人としては、検察官に協議の開始を働きかけることは不可能ではないが、そのためには、自分がどのような協力をすることができるか、言い換えれば自分がどのような情報を有しているかという点について、ある程度手の内を検察官に見せざるを得ないと考えられる。検察官に見せる手の内の範囲を絞ってもよいが、絞りすぎると検察官が協議に前向きになってくれない可能性が高い。

　しかし、手の内を見せて協議開始を申し入れたとしても、検察官にはその申入れに応じる義務はない。合意が成立しなかった場合、協議の過程で被疑者・被告人がした供述を合意事件で証拠とすることはできないが、当該供述から派生的に得られた証拠（派生証拠）についてはかかる制約はない。したがって、被疑者・被告人としては、検察官に手の内を見せれば自らに不利な派生証拠が収集される危険を覚悟しなければならない反面、検察官が協議・合意に応じてくれる保証がないことから、検察官が司法取引に応じる見込みが十分にあるという状況でなければ協議開始を申し入れることを躊躇せざるを得ない。結局、足下の捜査状況を前提として、今後の捜査の進展や検察官の反応について十分な予測や見通しが立つ場合でなければ、協力者となる被疑者・被告人の側から協議開始を申し入れることは現実的には難しいであろう。

(3)　協議の主体

1)　弁護人の必要的関与

　協議は、検察官と弁護人および被疑者・被告人の三者で行うのが原則である。

＊5　三井誠・河原俊也・上野友慈・岡慎一編『新基本法コンメンタール刑事訴訟法〔第3版〕』（日本評論社、2018年）579頁〔栗木傑〕。
＊6　刑事訴訟法350条の5第2項。

被疑者・被告人と弁護人の双方に異議がないときは、検察官と弁護人の二者で
もできるが、弁護人に異議がないとしても、検察官と被疑者・被告人の二者
で行うことはできない。この点は、当初の政府案では、被疑者・被告人と弁護
人の双方に異議がなければ、検察官と被疑者・被告人だけで協議の一部を行う
こともできるとされていたのが、弁護人を必要的に関与させることによって巻
込みの危険を抑えるために、衆議院で特に修正がなされたものである。[*8]

　三者で協議を行うとは、協議における意思疎通は三者間で同時に行われるこ
とを要するという趣旨であり、必ずしも三者が一堂に会することを要するもの
ではないと解されている。[*9]したがって、必要な当事者が全て参加しているこ
とが確認されていれば、電話等を介して協議を行うことも許容され得る。もっ
とも、検察官としては、電話によって協議を行ったものの、途中で実は弁護人
が退出していたにもかかわらず、それに気付かず被疑者・被告人との間で実質
的な協議をしてしまえば、違法な協議がなされたと後から言われることになり
かねず、基本的には検察庁の取調室等で弁護人が同席して協議するということ
になろう。

　すでに見たように、米国の制度では、協議に対する弁護人の関与（すなわち、
協議の過程における弁護人による保護）は、あくまでも被告人の利益を守るた
めのものと位置付けられ、その利益を享受すべき被告人の判断で放棄（waive）
することも基本的に可能である。どちらの制度設計が妥当かという議論はさて
おき、日本の制度は、米国の制度と比較すると、悪く言えば融通の利かない制
度になっている。そして、その硬直性ゆえに以下のような日本特有の悩みが生
じることになる。

2）　被疑者・被告人に弁護人がいない場合の悩み

　まず、協議の全過程に弁護人が必要的に関与しなければならないという厳格
なルールが存在するために、被疑者・被告人に弁護人が付いていない場合には

＊7　刑事訴訟法350条の4ただし書き。
＊8　吉田・前掲注３書91頁。
＊9　三井誠ほか・前掲注５書579頁〔栗木傑〕。

どうすればよいのかという悩みが生じる。

　協議開始の申入れも協議の一部に含まれると考えると、被疑者・被告人に弁護人が付いていない場合、検察官から被疑者・被告人に対し協議開始を申し入れることも許されなくなってしまう。もっとも、「協議開始の申入れは、協議そのものではないため、〔刑事訴訟法350条の４の定めにしたがって〕これら三者が一堂に介した場で行われる必要はない」との見解もあり、[10]この見解にしたがえば、検察官から、被疑者・被告人に対し、弁護人の選任を促すとともに協議を行いたい旨を申し入れたとしても、刑事訴訟法350条の４に反するものではないと解することができよう。念のために確認しておくが、かかる見解によっても、弁護人抜きで行うことが許されるのは協議開始の申入れまでであって、それ以上の実質的な協議を行うためには弁護人の関与が必須であることは言うまでもない。

　次に問題になるのは、弁護人の付いていない被疑者・被告人が協議を開始しようとする場合に、どのようにして弁護人を付けるのかという点である。被疑者・被告人に資力があり、自ら私選弁護人を選任するのであれば何ら問題はない。問題は、被疑者・被告人に私選弁護人を選任する資力がなく、国選弁護人も選任されていない場合である。このような場合、本来必要ではないにもかかわらず、もっぱら国選弁護人を付けて協議・合意制度を利用できるようにする目的で逮捕や勾留請求がなされるのではないか、という懸念がある。より踏み込んで言えば、在宅事件で、弁護人の付いていない被疑者と検察官の間で予め実質的な合意の内容が取り決められ、その上で検察官が（被疑者の事実上の承諾の下で）被疑者の勾留を請求し、選任された国選弁護人の同意を得て、事前の「闇取引」で取り決めたとおりの合意をするといった事態も理論上は起こり得る。[11]

　米国の答弁取引では、最終的に合意の任意性等が裁判所によって確認されるという形で、一定の司法的コントロールが期待できる。これに対し、日本の協

＊10　三井誠ほか編・前掲注５書579頁〔栗木傑〕。

＊11　法制審議会新時代の刑事司法制度特別部会第29回議事録26頁〔安岡委員発言〕。

議・合意制度では、裁判所による関与は必須とはされず、手続および内容の両面で協力者に不利益が生じていないことをチェックする役割はもっぱら協力者の弁護人が果たすしかない。こうした協力者の弁護人の立ち位置を踏まえれば、上記のような、国選弁護人を形式的に選任させて事前の「闇取引」の結果に対する同意を求めるような運用が正当化される余地はないと考えるべきであろう。弁護人としては、合意の内容が合理的なものであれば、被疑者・被告人の意思に従い、結果的には合意に同意せざるを得ないが、協議のプロセスに弁護人が実質的に関与しないことが許されるべきではない。

　ただ、このような見解に立つ場合、弁護人が現に付いておらず、かつ私選弁護人を選任する資力もない被疑者・被告人にとっては、検察官から協議開始の申入れを受けたとしても、協議・合意制度を利用する途が事実上閉ざされることとなりかねない。制度論としては、検察官から協議開始の申入れを受けた被疑者・被告人に弁護人が付いていない場合、国選弁護人や日弁連による法律援助の対象とする仕組みがあることが望ましい。

3）　被疑者に国選弁護人が付いている場合の悩み

　逆に、被疑者に国選弁護人が付いている状態で協議が開始された場合も、弁護人の関与が必要的であるというルールとの関係で悩ましい問題が生じる。

　合意に向けた協議では幅広い事項を取り決めなければならず、数日以内に協議と合意を完了させることは多くの場合困難であろう。そうすると、10日間の勾留期間中に協議が完了せず、かといって被疑者が釈放されれば国選弁護人がいなくなってしまうため協議を続行できず、何とか合意に至るまで国選弁護人の関与の下で協議を続けるために勾留を延長したいといった要請が生じるおそれがある。

　では、被疑者・被告人に対する合意事件の捜査はすでに完了しているが、合意に向けた協議だけが継続している場合、「やむを得ない事由があると認めるとき」に当たるとして勾留延長することは可能だろうか。

　最三判昭和37・7・3民集16巻7号1408頁によれば、「『やむを得ない事由があると認めるとき』とは、事件の複雑困難（被疑者もしくは被疑事実多数の

ほか、計算複雑、被疑者関係人らの供述又はその他の証拠のくいちがいが少なからず、あるいは取調を要すると見込まれる関係人、証拠物等多数の場合等）、あるいは証拠蒐集の遅延若しくは困難（重要と思料される参考人の病気、旅行、所在不明もしくは鑑定等に多くの日時を要すること）等により勾留期間を延長して更に取調をするのでなければ起訴もしくは不起訴の決定をすることが困難な場合をいう」と解されている。

　学説上も、①捜査を継続しなければ検察官が事件を処分できないこと、②10日間の勾留期間内に捜査を尽くせなかったと認められること、③勾留を延長すれば捜査の障害が取り除かれる見込みがあること、という３つの要件が満たされれば「やむを得ない事由」があると整理されている。[*12]

　これらの判例・学説を前提とすれば、合意に向けた協議が継続中で合意までまだ時間を要する場合、事件の複雑困難等により検察官がまだ終局処分をすることができない状態にあるとみる余地もあり、勾留を延長すれば合意が成立することが見込まれれば「やむを得ない事由」があると整理する余地はある。例えば、合意に至らなければ起訴は免れないが、合意に至れば略式請求や不起訴処分にとどまると見込まれる場合、合意の成否が明らかになるまでは終局処分できない状態とみることもできるからである。

　しかし、上記の判例・学説は協議・合意制度の存在を想定してなされたものではないことは確認しておく必要がある。また、10日間の勾留期間中に合意に至らなかったとしても、被疑者が合意に向けた協議に誠実に応じている事実は、それ自体が罪証隠滅や逃亡のおそれを否定する方向に働く事実であり、協議が順調に進んでいる以上は、そもそも勾留の要件がすでに失われている場合があり得る。また、協議を続行させるために必要な弁護人は、別に国選弁護人である必要はなく、私選弁護人でもよいのであるから、例えば、釈放後も私選弁護人を選任して協議の継続に応じる旨を被疑者が約束する等の方法によって、勾留延長を回避するといった努力も可能であろう。

---

*12　松尾浩也監修・松本時夫・土本武司・池田修・酒巻匡編『条解刑事訴訟法〔第４版増補版〕』
　　（弘文堂、2016年）400頁。

⑷　対象となる犯罪

　協力者の弁護人としては、協議に応じるに際して、対象犯罪の要件を満たすかどうかは当然に確認しなければならない。すでに見たように、日本の協議・合意制度は、適用できる対象犯罪を限定列挙している。この点は、米国では対象となる犯罪に限定が設けられていない点と顕著に異なる。

　立法過程での議論をみると、特別部会の下に設置された作業分科会が当初作成したたたき台では、協議・合意制度の対象犯罪は特に限定されていなかった。しかし、特別部会における議論で、協議・合意制度に巻込みの危険があることや、合意をめぐる争いを判断する手続負担が重くなることといった懸念が指摘されたこと等を受け、制度の有用性が特に高いと思われる組織的犯罪や、密行性が高い経済・財産犯罪等に対象を限定して制度を導入することにされたものである。[13] 被害者の生命・身体に対する侵襲を伴う罪や、対象犯罪に含まれるものであっても死刑または無期の懲役・禁錮刑に当たるものは、国民の理解[14]を得られにくいとして協議・合意制度の対象から除かれている。[15]

　協議・合意制度を適用する際には、合意事件・標的事件の両方が、限定列挙された「特定犯罪」に該当する必要がある。特定犯罪の具体的な罪名は、刑事訴訟法350条の2第2項で定められている。また、同項3号は、財政経済関係犯罪に当たるものを特定犯罪として政令で追加することを認めており、同号の委任を受けた「刑事訴訟法第350条の2第2項第3号の罪を定める政令」（平成30年政令第51号）が定められている。

　政令で定められたものも含めると、特定犯罪の範囲は非常に広く、贈賄、詐欺、背任、横領、租税法違反、独占禁止法違反、金融商品取引法違反、商標法違反、著作権法違反、不正競争防止法違反および会社法違反等、ほとんどの経済・財産犯罪が含まれている。ただし、恐喝は特定犯罪であるが、脅迫は特[16]

＊13　法制審議会新時代の刑事司法制度特別部会第25回議事録3頁〔上野委員発言〕を参照。

＊14　刑事訴訟法350条の2第2項注書。

＊15　法制審議会新時代の刑事司法制度特別部会第25回議事録8頁〔但木委員発言〕、9頁〔大久保委員発言〕。

＊16　刑事訴訟法350条の2第2項第1号、刑法249条。

定犯罪でないといったように、性質の似た犯罪でも扱いが分かれている場合[*17]があるため注意が必要である。

さて、協力者の弁護人にとって最初に検討すべき課題は、標的事件・合意事件のいずれについても特定犯罪でなければならないというハードルをクリアできるかどうかとなる。特に、特定犯罪は罪名によって指定されているので、手続の途中で罪名が変わる場合には、どちらが基準になるのかという問題がある。

検察官は、事件の捜査・訴追の過程において、証拠をどのように評価して、どのような事実を認定するか、その事実を前提として法的評価をどのように行い、どのような犯罪の嫌疑をもって捜査を進めていくか、またどのような訴因で公訴を提起し、維持するかということをその権限に基づいて決定している。そして、検察官は、合意をする時点においても、当該時点での証拠関係を踏まえた上で、問題となる行為対象となる罰条を特定し、合意内容書面に記載することとなる。[*18]このような手続の流れからすれば、捜査開始時点における罪名は暫定的なものに過ぎず、捜査と協議を経て定められた合意の時点での罪名が、特定犯罪に当たるかどうかを判定する基準になると考えられる。[*19]したがって、例えば、協力者となる被疑者に対し恐喝罪（特定犯罪に当たる）で捜査が開始されたが、協議の結果、恐喝行為のうち脅迫にかかる部分だけを訴因として脅迫罪（特定犯罪に当たらない）で起訴するとの合意がなされた場合、合意の時点では、協力者に対する合意事件は恐喝被疑事件であって、脅迫罪での起訴は合意に基づき検察官が行うべき処分の結果と位置付けられるから、[*20]協力者は「特定犯罪に係る事件の被疑者」として合意を行うことが可能となる。

このように、対象犯罪の要件を満たしているかどうかの判定は合意の時点で行われるとすると、弁護人としては、協議・合意制度を利用すれば不起訴または大幅な減刑が期待できる場合に、協力者に対し、特定犯罪に当たるが現在の被疑事実よりも法定刑の重い別の法条が適用される被疑事実を認めるよう助言

＊17　刑法222条、刑事訴訟法350条の2第2号参照。

＊18　三井誠ほか編・前掲注5書578頁〔栗木傑〕

＊19　吉田・前掲注3書84頁。

＊20　刑事訴訟法350条の3第2項に基づき作成される合意内容書面にもこの内容が記載されることになる。

できるかという悩みが生じる。

　この点については、合意の結果初めて特定犯罪に罪名が変わるような合意は許されないという見解もある。[21]しかしながら、上述のように、検察官が、合意をする時点において、その時点での証拠関係を踏まえた上で、問題となる行為対象となる罰条を特定している以上、合意の結果初めて特定犯罪に罪名が変わること自体は何ら否定されるべきではない。特定犯罪に罪名が変わったとはいえ、合意をする時点で特定犯罪であること自体には変わりはないからである。したがって、弁護人としても、被告人から強く求められた場合には、特定犯罪に当たるが現在の被疑事実よりも法定刑の重い別の法条が適用される被疑事実を認めるよう助言することも選択肢としては考えておくべきであるといえる。

⑸　協議を行う際の考慮要素
1)　検察官側の考慮要素の把握

　協力者の弁護人として、協力者に不利益とならないように協議を進め、少しでも有利な合意に導くためには、検察官が合意に際してどのような要素を考慮することになっているかという点を十分に把握しておく必要がある。

　刑事訴訟法350条の2第1項によれば、検察官は、「得られる証拠の重要性、関係する犯罪の軽重及び情状、当該関係する犯罪の関連性の程度その他の事情」を考慮することとされている。そして、「合意制度の当面の運用に関する検察の考え方」によれば、検察官は、合意するか否かの判断に当たり、合意をした場合に協力者が行う協力行為により得られる証拠（供述等）の重要性や信用性、協力者が合意を真摯に履行する意思を有しているかなどを見極めることとされている。

　以下、刑事訴訟法350条の2第1項に規定されている内容ごとに検討する。

（i）　得られる証拠の重要性

　得られる証拠の重要性については、「合意制度の当面の運用に関する検察の

＊21　後藤昭「2015年刑訴改正法案における協議・合意制度」総合法律支援論叢8号（2016年）6頁。

考え方」に検察庁の方針が詳細に記載されている。具体的には、合意をした場合に協力者が行う協力行為により得られる証拠（供述等）の重要性や信用性、協力者が合意を真摯に履行する意思を有しているかなどを見極めるため、協議において、協力者から合意した場合に行う協力行為の内容を十分に聴取するとともに、協議における協力者の供述について裏付け捜査を行い、その信用性を徹底して吟味するとされている。そして、協力者の供述の信用性が高く合意制度の利用に値するだけの重要な証拠が得られる見込みがある場合には、処分の軽減等の内容を提示するとされる。

　なお、協力者が提供できる証拠が、従前渋っていた供述に応じることだけである場合には、検察官が合意に応じてくる可能性を高く見積もることは難しいであろう。このような場合、検察官は、協議・合意制度よりも簡便な刑事免責制度を適用すれば証言獲得という目的を達成できてしまうので、協議・合意制度の利用に値すると評価されないおそれがある。弁護人としては、協力者が供述に応じることが決して容易なことではないという事情を示すとともに、供述を補強する客観証拠を収集し、供述とともに提供するといった工夫が必要になろう。

(ii)　関係する犯罪の軽重及び情状

　「関係する犯罪の軽重及び情状」は、合意事件と標的事件の双方について検討する必要がある。

　まず、事件が重大で、合意事件の犯情が悪質であったり、情状が悪かったりといった事情があるときは、検察官は、協力者に恩典を与えて標的事件への協力を得るまでの必要はないと判断するおそれがある。したがって、協力者の弁護人としては、犯情の悪質性を軽減する証拠を収集するとともに、被害者に対する被害弁償を行う等の有利な情状に関する資料の収集にも努める必要がある。日本の制度は、米国の制度と異なり、協力者が合意できる行為として、被害弁償や不当な利得の吐出し等を定めることができない仕組みになっている。しかし、協力者が被害弁償や不当な利得の吐出し等を実施したこと（または、実施を約束していること）は、検察官が、協議・合意に応じるか、合意に応じるとしてその内容をどのようなものとするかといった点を判断する際に情状として

考慮されることになる。

　反対に、標的事件の犯情が悪質とは言えなかったり、情状がよかったりといった事情があるときも、検察官は、協力者に恩典を与えて標的事件への協力を得るまでの必要はないと判断すると思われる。[*22]協力者の弁護人としては、例えば、検察官が標的事件の犯情の悪質性を過小評価しているような場合、標的事件の悪質性を裏付ける資料を提供するといった対応をすることも考えられる。

(iii)　当該関係する犯罪の関連性の程度

　「当該関係する犯罪の関連性の程度」という要素は、協議・合意制度が有効に機能し得る場面を的確に定めることが難しいという理由で、法案提出段階では考慮要素とされていなかったが、衆議院で特に考慮要素として明記されたものである。これは、米国で問題となっている、いわゆる「ジェイルの情報提供者」による証言への懸念を払拭するためであったとされている。すなわち、留置場等に留置されている者が、自らに対する有利な処分の見返りとして、同房者が犯行について告白するのを聞いたといった証言をすることが、米国における主要な冤罪原因の一つとなっているといった懸念を受けて、合意事件と標的事件の間に何らかの関連性があることが要求されることになったものである。[*23]

　合意事件と標的事件の間に十分な関連性がある場合としては、協力者と標的が共犯関係に立つ場合が典型的であるが、必ずしもそれに限られるものではない。冒頭に掲げた振り込め詐欺の設例で言えば、例えば、出し子Xは、振り込め詐欺グループの主導者Yと一緒に犯行を遂行したことはないが、振り込め詐欺グループのアジトでYとは頻繁に顔を合わせていて、Yが他のメンバーに（Xが関与していない）別の犯行を指示するのを耳にしていたといった場合、XとYは共犯関係に立つとは言えないかもしれないが、Xの事件とYの事件の間に十分な関連性があると主張することは可能であろう。Xの弁護人としては、Xから、Yが他のメンバーに犯行を指示するのを耳にした経緯・場所・状況等を聴取し、必要に応じて、関連性を基礎付ける事情として検察官に提供するこ

＊22　後藤昭・白取祐司編『新・コンメンタール刑事訴訟法〔第3版〕』（日本評論社、2018年）994頁〔笹倉香奈〕。

＊23　後藤昭ほか編・前掲注22書994頁〔笹倉香奈〕。

第2章　古典的司法取引として用いる場合　　163

とになろう。

2) 協力者による協力の内容

(i) 協力者が合意できる事項

　米国の制度では、合意の当事者は、事案に応じて強行法規等に違反しない限り原則自由に合意事項を定めることができるが、日本の協議・合意制度は、被疑者・被告人および検察官が約束できる事項を刑事訴訟法350条の2第1項に定められたものに限定している。すなわち、協力者が合意できる協力の内容は、①取調べに対して真実の供述をすること、②公判廷での証人尋問に対して真実の証言をすること、および③証拠の提出その他の必要な協力をすることの3点に限られる[24]。ただし、被疑者・被告人が合意で約束する行為に「付随する事項その他の合意の目的を達するために必要な事項」は合意の内容に含めることができる[25]。

(ii) 協力行為の外縁

　協力者の弁護人としては、合意に同意する前に、被疑者・被告人が合意で約束する協力行為が上記の制約を充たすものであるかという点を注意して確認する必要がある。特に、「証拠の提出その他の必要な協力をすること[26]」や、協力行為に「付随する事項その他の合意の目的を達するために必要な事項[27]」については、内容が一義的に明らかでないため、不合理な協力が要求されることのないよう注意する必要がある。

　「証拠の提出その他の必要な協力をすること」については、例えば、①実況見分や検証に立ち会い、指示説明をすること、②犯行現場等への引き当たりに際し、それらの場所に案内すること、③コンピュータ・システムを操作してデータの解析作業を行うこと等が挙げられる[28]。

　反面、米国で行われているようなおとり捜査（秘密録音等を含む。）への協

---

*24　刑事訴訟法350条の2第1項1号。
*25　刑事訴訟法350条の2第3項。
*26　刑事訴訟法350条の2第1項1号ハ。
*27　刑事訴訟法350条の2第3項。
*28　吉田・前掲注3書74頁。

力等は、形式的には「証拠の提出その他の必要な協力をすること」に含まれる
とみる余地もないではないが、捜査手法としての適法性自体にも議論があると
ころであり、もはや協議・合意制度が予定している協力事項の範囲を超えてい
ると解するべきであろう。こうした捜査手法は、協力者に精神的な負担を強い
ることもあり、協力者の利益を守るべき弁護人としては断固として拒否すべき
場合が多いと考えられる。

　また、「〔協力行為に〕付随する事項その他の合意の目的を達するために必要
な事項」としては、例えば、①取調べのために指定された日時・場所に出頭す
ること、②真実の供述が録取された供述調書に署名押印すること、③公正取引
委員会等の犯則調査機関による調査に対して真実の供述をすること等が挙げら
れている。[*29]

　なお、形式的には「〔協力行為に〕付随する事項その他の合意の目的を達す
るために必要な事項」とみる余地のある事項であっても、協力者にとって重大
な不利益を課す危険の高いものはあり、それらについてはもはや「〔協力行為
に〕付随する事項その他の合意の目的を達するために必要な事項」の範囲を超
えたものとして扱うべきである。例えば、協力者が真実の供述をしているかど
うかを判断するための資料として、協力者に弁護人との接見時のやりとりを記
録したメモの提出を求めること等は、形式的には「合意の目的を達するために
必要な事項」とみる余地もないではないかもしれないが、弁護人との自由な意
思疎通に萎縮を生じさせるおそれがあるばかりか、接見交通権を制約するおそ
れもあり、もはや協議・合意制度が予定している協力事項とはいえないと解す
るべきであろう。米国でも、捜査協力と弁護士・依頼者間秘匿特権のバランス
は非常にセンシティブな問題であり、ホワイトカラー犯罪における捜査協力の
程度を巡って議論が生じ、最終的には弁護士・依頼者間秘匿特権の保持が捜査
協力よりも優先されることになったという歴史があったことに留意すべきであ
る。

　このように、「証拠の提出その他の必要な協力をすること」および「〔協力行

---

*29　吉田・前掲注３書79頁。

為に〕付随する事項その他の合意の目的を達するために必要な事項」については、必ずしもその範囲が明確でなく、ややもすると広く解する方向に流れる危険があるが、協力者に課される負担の程度に直結することから、弁護人としては特に注意すべきであると考えられる。

3) 証拠開示および量刑傾向の開示の必要性

協力者の弁護人としては、協力者に対する嫌疑の内容や程度を確認した上でなければ、協力の必要性や検察官が合意に応じる可能性を十分に判断できないと思われる。したがって、協力者の弁護人が検察官から協議をもちかけられた際には、すでに協力者に対する嫌疑について十分な証拠や心証の開示がなされている場合を除き、判断の前提となる証拠や心証の開示を求めていく必要がある。

また、協力に対する恩典として検察官が提示してきた内容が、協力者による協力の内容と釣り合っているかどうか確認することも必要である。日本では、米国と異なり、量刑に関するガイドラインが整備されているわけではなく、ある量刑が協力者にとってどの程度有利なものであるかを事前に見通すための資料が必ずしも十分ではないところがある。

例えば、ある事件で検察官との協議が行われ、検察官から、「この事件では、本来であれば（協議・合意を適用しなかったとすれば）懲役7年を求刑すべきところであるが、合意の結果、懲役4年を求刑するにとどめる。」といった提案がなされたとする。これは、一見すると、協力者にとって有利な取扱いである。しかし、過去の同種事件における量刑傾向からすれば、実は、協議・合意がなかったとしても、情状次第では懲役4年程度の求刑にとどまっていた事件が多いとすれば、この検察官の提案は必ずしも協力者にとって有利とは言えない。少なくとも、このような例においては協力者による協力の内容と釣り合っているかどうか疑問が残る。

したがって、協力者の弁護人としては、単に見た目上協力者にとって有利な処分となっていればよしとするのではなく、検察官に資料の提示を求めるなど、提案されている処分・量刑が協力者にとって有利なものであり、かつ、協力の

166　第4部　日本の協議・合意制度の検討──米国等の司法取引事情を踏まえて

内容と釣り合ったものであることを確認するべきである。[*30] 例えば、検察庁内部における量刑データベースや関連する検察庁内の運用基準等の提示を求めることが選択肢として考えられる。しかし、検察庁内部のデータベースについては、検察官が恣意的な条件設定をして自らに有利な結果を表示させたのではないかという疑いが常につきまとう。協力者の弁護人としては、検察官が量刑データベースの結果を示してきたときは、その条件設定について確認する必要があろう。また、弁護士会や刑事弁護フォーラム[*31]が作成している量刑データベースを活用する等、複数の情報ソースを用いて検察官が提案してきた処分・量刑の妥当性を確認するべきであろう。

⑹　合意の効果

1)　合意の成立とその効果

合意には弁護人の同意が必要であり、合意内容書面には検察官、被疑者・被告人および弁護人が連署することが求められる。[*32][*33] 合意内容書面は、標的事件で必要的に証拠調べ請求がなされることになるので、協力者の弁護人としては、その記載事項は必要最小限に絞ることが基本的な方針となろう。

合意の当事者は、合意した行為を誠実に履行する義務を負う。両当事者が合意した行為を確実に履行すれば何ら問題は生じない。しかし、現実には、いずれかの当事者が合意した行為を履行しなかったり、何らかの事情により合意した行為の履行が困難になったりする事態は生じ得る。こうしたイレギュラーな事態が生じた場合の処理が問題となる。

2)　検察審査会の議決との関係

合意に基づいて検察官が不起訴とした場合であっても、検察審査会が起訴相

---

*30　検察官も、合意を成立させたいのであれば、上記のような弁護人の悩みに配慮し、こうした点を裏付ける資料を示して弁護人を説得することが、ひいては協力者の納得を得る早道であることを知っておくべきである。

*31　http://www.keibenforum.net

*32　刑事訴訟法350条の3第1項。

*33　刑事訴訟法350条の3第2項。

当若しくは不起訴不当の議決または起訴議決をしたときは、合意は効力を失う。[*34]したがって、被害者等の申立てを受けて検察審査会がこれらの議決をする可能性がある事案では、せっかく合意が成立しても、検察審査会の議決によって合意が失効する可能性も視野に入れて対応する必要がある。こうした事態が予想される場合には、被疑者・被告人にもその可能性を十分に説明しておくべきであるし、協議の過程で捜査機関に提供すべき情報の範囲にも十分に注意する必要がある。

3) 裁判所における審理との関係

協議・合意制度における裁判所の役割は限定的であり、基本的には合意の履行として検察官が行う請求に対応した手続を進めるだけである。万が一、検察官が合意に反した起訴や訴因・罰条の追加・変更の請求等を行ったときは、裁判所は公訴棄却の判決をし、[*35]または訴因・罰条の追加・変更請求を許可しないことになる。[*36]

ただし、裁判所が、合意の下で検察官が行った求刑を上回る刑を言い渡した場合の対応は問題となる。検察官の求刑はあくまで裁判所に対する意見に過ぎず、裁判所に対する拘束力を持たないからである。

この点について、検察庁は、「合意制度の当面の運用に関する検察の考え方」で、万が一、裁判所が、合意に基づき検察官がした求刑を上回る刑を言い渡す判決をした場合、検察官から量刑不当を理由として上訴することを検討するとしている。当然、被疑者・被告人からも量刑不当を理由とする上訴がなされることになろう。裁判所としても、特段の事情がない限りは、法で定められた協議・合意制度の趣旨を十分に斟酌し、検察官による求刑を尊重した判断をすることになると思われる。

また、被疑者・被告人について、合意事件の他に、合意事件と併合罪の関係に立つ別事件（特定犯罪に当たらない。）が存在する場合、そもそも求刑に関

---

*34　刑事訴訟法350条の11。
*35　刑事訴訟法350条の13第1項。
*36　刑事訴訟法350条の13第2項。

する合意を行うことができるのかという疑問が生じる。両事件の審理が併合されれば、最終的な刑の言渡しも一つとなることから、当該求刑の合意は特定犯罪以外の事件についての合意を含むこととなるからである。この点については、併合罪であっても、量刑がほとんど特定犯罪の犯情によって決まると予測できるような場合には、求刑の合意は、実質的には当該「特定犯罪についての合意」と評価することができ、このような合意も認められるとする見解がある[37]。かかる見解に従えば、例えば、重大な詐欺事件（詐欺罪は特定犯罪に当たる。）と軽微な暴行事件（暴行罪は特定犯罪に当たらない。）が併合罪として起訴されるような場合には、実質的には重大な詐欺事件についての合意と評価できるので、求刑の合意をすることも認められる。

　もっとも、併合審理する前に単独の罪として求刑合意がなされた場合であって、その後に合意事件が裁判員裁判対象事件と併合審理された場合は、必ずしも一筋縄ではいかない事態が生じ得る。例えば、次のような設例ではどうだろうか。

　Xは、覚せい剤取締法違反（営利目的の覚せい剤所持）の容疑で逮捕・勾留されたが、検察官との間で、標的であるYに対する事件について真実の供述・証言をすることを条件として、求刑を通常よりも割り引いて求刑３年とするとの合意をした。ところが、Xはすでに強盗致傷罪（裁判員裁判対象事件）で起訴されており、裁判所は、Xに関する強盗致傷被告事件と覚せい罪取締法違反被告事件を併合審理することを決定した。

　裁判員裁判対象事件でない事件の弁論を、裁判員裁判対象事件の弁論と併合することは可能である[38]。したがって、上記の設例で、両事件の事実関係に関連性があるような場合、両事件が併合されて裁判員の参加する合議体で審理される可能性は否定できない。

＊37　後藤・前掲注21論文10頁。
＊38　裁判員の参加する刑事裁判に関する法律４条。

米国では、司法取引が成立して協力者である被告人による有罪答弁が行われれば、陪審による公判審理が行われることはない。したがって、非裁判官の参加する裁判体の下で、合意によって期待された結果が本当に実現できるのかというこの問題は、米国では基本的に生じない日本特有の問題であるといえる。

　もちろん、このような事態が生じた場合、裁判官は、評議の際に、裁判員に対し協議・合意制度の趣旨や効果について十分に説明するものと思われる。しかし、裁判員が制度の趣旨を十分に理解し、その趣旨に沿った判断をするかどうか、少なくとも合意の当事者としては無視できないレベルの危惧を感じざるを得ないであろう。最も確実な対応策は、併合審理を避ける必要性を当事者から裁判所に上申し、併合審理を回避した上で、合意事件に関する量刑を裁判員裁判対象事件から独立した形で行うことである。もっとも、被疑者・被告人としては、併合審理によって得られるメリット（審理期間の短縮や合計での刑の軽減）もあることから、単純に併合審理を回避することが最良とは言い切れないところもあり、悩ましい問題である。

　他にも、裁判所における審理との関係では、合意に基づき検察官が特定の訴因を撤回した場合に、裁判所が当該訴因にかかる事実を量刑の資料とすることが許されるかという問題も生じる。

　この点については、「起訴されていない犯罪事実をいわゆる余罪として認定し、実質上これを処罰する趣旨で量刑の資料とすることは許されないが、単に被告人の性格、経歴および犯罪の動機、目的、方法等の情状を推知するための資料としてこれを考慮することは、憲法第31条、第39条に違反しない。」とした判例があり、合意に基づき撤回された訴因にかかる事実であっても、量刑に当たっての一資料として用いることは必ずしも否定されないという結論に至る可能性が高いと考えられる。

　この意味では、訴因を撤回するとの合意がされても、撤回された訴因にかかる事実が量刑の資料として考慮された結果、最終的な量刑は合意があってもなくても大差ないといった事態が生じる可能性も否定できない。したがって、協

---

*39　最大判昭41・7・13刑集20巻6号609頁。

力者の弁護人としては、訴因の縮小や撤回ができそうだというだけで満足するのではなく、量刑データベース等から知ることのできる量刑傾向を分析した上で、具体的な求刑についても十分に協議を行い、合意があってもなくても結論に大差がないといった事態を回避できるような合意をするべきであろう。

⑺　合意の終了
1）　協力者による合意違反が疑われた場合の対応

協力者が合意に反して「真実でない」供述をしたことが明らかになったときは、検察官は合意から離脱することができる[40]。具体的には、被疑者・被告人が協議においてした供述の内容が真実でないことが明らかになったとき、合意に基づいてした供述の内容が真実でないことが明らかになったとき、または、提出した証拠が偽造・変造されたものであることが明らかになったときは、検察官は合意から離脱することができる[41]。

この点については、「合意制度の当面の運用に関する検察の考え方」によれば、検察庁は、「真実でない」といえるかどうかは、客観的な事実に反するかどうかで判断するとされている。したがって、協力者は自分の記憶どおりに供述したとしても、供述の内容が客観的な事実に反していたことが明らかになったときは、検察官は、被疑者・被告人および弁護人に対し、合意からの離脱を通告してくる可能性がある。

しかしながら、協力者としては、自分の記憶どおりに供述していたにもかかわらず、記憶違い等により供述の内容が客観的な事実と異なる結果になった、といった事態は容易に起こり得る。現に、刑事訴訟法350条の2第1号ハに協力者の協力行為として掲げられている「証人として尋問を受ける場合において真実の供述をすること」にいう「真実の供述」とは、自己の記憶に従った供述をいえるかどうかで判断すると考えられている[42]。自己の記憶に従った供述を行うことを約束させながら、記憶違いでその供述が客観的な事実に反していた

＊40　刑事訴訟法350条の10第1項。
＊41　刑事訴訟法350条の10第1項第3号イおよびロ。
＊42　三井ほか編・前掲注5書576頁〔栗木傑〕、後藤昭ほか編・前掲注22書995頁〔笹倉香奈〕

第2章　古典的司法取引として用いる場合　　171

ことをもって、検察官の離脱を認めるのは公平でない。そもそも、合意に基づいてした供述の内容が「真実でない」ことが明らかになったことを理由として合意から離脱するということは、多くの場合、検察官の見立てが客観的事実に反することにほかならない。[43]

　また、仮に客観的な事実に反するかどうかで判断するとしても、標的事件の立証に影響を及ぼさないような軽微な事実に虚偽があった場合にまで、合意の離脱を認める必要はないはずである。例えば、ある行為が行われたこと自体については正しく供述しているが、その行為が行われるに至った動機に関する説明に若干の虚偽が含まれていた場合を想定してほしい。この場合において、ある行為が行われたこと自体を標的事件において立証するために協力事件において司法取引が行われたのであれば、動機に関する説明に若干の虚偽が含まれていても、標的事件の立証に対する影響はないはずである。仮に、ごく軽微なものも含めて、あらゆる客観的事実と整合していないと離脱事由になりうるという見解に立つと、標的事件の立証に影響を及ぼさないような記憶違いなどが生じただけで合意から離脱されるリスクがあるということになり、弁護人および被疑者・被告人がかかるリスクを恐れて結局司法取引を行うことができない、という事態にもなりかねない。合意制度が標的事件の事案の解明に資する供述を得ることを目的としていることからすれば、標的事件の立証に影響を及ぼさないような「真実でない」供述があった場合にまでに検察官の離脱を認める必要はない。したがって、弁護人としては、標的に対する事件の立証に影響を及ぼさない限りは離脱事由とはならないと主張すべきである。

　なお、どのような手続の中で弁護人が争うかであるが、刑事訴訟法上、合意の離脱事由該当性について、いかなる手続で争うかに関する規定は何ら置かれていない。合意から離脱したと主張する検察官はその後に新たな処分（起訴、求刑等）を行うはずであるから、その後の裁判の中で、そもそも合意の離脱事由が存在しないということを主張することになるのであろう。

　また、協力者が合意事項に違反したことが疑われる場合の立証責任の所在お

＊43　河津博史「刑事弁護実務からみる日本版司法取引の課題」NBL1122号（2018年）13頁。

よび証明の水準については、米国にはいくつかの裁判例がある。近年のものとしては、現代司法取引の事案ではあるが次のようなものがある。

この事例は、ルクセンブルクの会社が、米国に影響を及ぼすカルテルに加わっていた疑いが社内で発覚した後、米国司法省に対し調査開始後のリニエンシーの申請をしたという事案である。司法省は、同社が既存のカルテルから速やかに離脱すること等を条件として、同社に免責を認める合意（NPA）を締結した。ところが、この会社がカルテルから速やかに離脱するために必要な行為を怠っていたという疑いが生じ、司法省が合意の撤回を主張したものである。

この事件で裁判所は、合意を無効にするためには、合意に対する重大な違反があった事実を司法省が立証する必要があり、かつ、重大な違反があったというためには、捜査機関が期待したような利益を実際に受けられたかどうかという点に加えて、協力者が提供した情報の自己負罪的な性質の有無・程度が重要な考慮要素となると判断した。[44]この判断は、日本の協議・合意制度の下でも基本的に妥当するように思われる。

2）　検察官による合意違反が疑われる場合の対応

検察官が故意に合意に反した行動を採ることは考えにくいが、過失その他の事情によって、結果的に合意に反した行動が採られてしまう事態は起こり得る。例えば、第2部で紹介した米国の事件にも、手続が長引く中で検察官が交代し、新しい検察官が前任の検察官のした取引に反する行動をしたというものがあったことを想起されたい。

日本の現行の協議・合意制度の下では、検察官が合意違反をし、そのことが看過されたまま合意事件の判決が確定してしまった場合には、現行法上それを是正する手段はないと思われる。[45]このような制度設計になっているのは、検察官が故意に合意に反した行動を採ることはなく、協力者やその弁護人も当然指摘するだろうという信頼によるものと思われるが、上記のような米国の実例

---

*44　United States v. Stolt-Nielsen S.A., 524 F. Supp. 2d. 609 (E. D. Pa. 2007).

*45　後藤・前掲注21論文13頁。

第2章　古典的司法取引として用いる場合　　173

があることを考えれば、やや楽観的に過ぎる制度設計であるといえよう。したがって、合意事件の弁護人は、万が一の場合に備え、合意後も、検察官による合意違反がないか注視すべきである。

合意違反が疑われる場合には、直ちに検察官に連絡を入れ、状況を確認して、合意の履行を求めるべきである。合意の履行を求めたにもかかわらず適切な是正措置が採られないときは、合意違反を理由として、裁判所に対し公訴棄却の判断を求める必要がある。[46] もっとも、検察官が求刑意見の陳述に関する合意に違反した場合や、付随する事項に関する合意に違反した場合には、公訴棄却を求めることはできないので、かかる場合には合意からの離脱を検討する必要がある。[47]

3) 両当事者の合意に基づく成立済みの合意の変更・解消

契約法における契約の合意解除のように、関係当事者の合意に基づいて、一旦成立した合意を変更または解消することは可能であろうか。かかる方法による合意の変更・解消に関する明文の規定はない。おそらく、そうした事態が特に想定されていなかったものと思われる。

もちろん、現実には、かかる方法による合意の変更・解消が必要となることはほとんどないであろう。もっとも、次のような事案では、かかる方法による合意の変更・解消が必要となる可能性がある。

例えば、検察官から、「この事件では、本来であれば（協議・合意がなかったとすれば）懲役7年を求刑すべきところであるが、懲役4年を求刑するにとどめる。」という提案がなされ、合意が成立したとする。ところが、合意の成立後に、何らかの事情（例えば、判例や立法動向の変化、または過去の同種事件における量刑傾向の見落とし等）により、検察官を含む関係者間で、懲役4年ではなく懲役2年の求刑が妥当であるとのコンセンサスが得られたとする。この場合、被疑者・被告人および弁護人としても、懲役2年の求刑を内容とす

---

*46　刑事訴訟法350条の13。
*47　後藤昭ほか編・前掲注22書1020頁〔笹倉香奈〕。

る合意に改めるに越したことはない。このようなケースでは、当事者間の合意によって「求刑懲役4年」という合意を「求刑懲役2年」という合意に変更する（あるいは、「求刑懲役4年」という合意を解消し、「求刑懲役2年」という合意を新たに行う。）ことが妥当であると考えられる。

　確かに、かかる方法による合意の変更・解消について、法文上は特に規定されていない。しかし、合意からの離脱を認める刑事訴訟法350条の10第1項1号および3号は、基本的には、契約法における相手方当事者の債務不履行による契約解除と同様の発想に基づくものであると言える。そうであるとすれば、契約法における契約の合意による変更・解消と同様に、両当事者の合意によって成立済みの合意を変更・解消することも、当事者の処分権の範疇に属するものといえる。また、上記のようなケースでは現実にかかる方法による合意の変更・解消も必要となる。こうした点からすれば、両当事者の合意による成立済みの合意の変更・解消も認められるべきであろう。

　もっとも、かかる方法による合意の変更・解消を認める場合、合意を変更・解消するという合意の主体は誰になるかという問題がある。この点については、合意の当事者が検察官と被疑者・被告人である以上、少なくともこの両当事者（検察官および被疑者・被告人）は必要な主体と考えるべきである。もっとも、合意内容書面には弁護人の連署も必要とされていることからすれば、合意の変更・解消に際しても弁護人の同意は必要と考えるべきであろう。

4）　合意の終了の効果

　離脱によって、検察官、弁護人、被疑者・被告人はそれ以後合意に拘束されなくなる。もっとも、検察官の合意違反を理由とする場合以外、すでに被疑者・被告人が当該合意に基づいてした供述などは、離脱によって証拠能力を失うことはない。このような事態も想定しつつ弁護方針を決めるのは非常に難しいが、弁護士としては、最悪の事態も想定して、協議・合意に応じるべきかどうか判断しなければならない。

3 標的（Y）の弁護人から見た場合

⑴ 標的の弁護人の役割

米国では、すでに見てきたように、標的事件の公判が行われることは現実にはほとんどない。標的とされた者は、協力者が捜査協力していることを前提として公判での勝訴可能性とコストを天秤にかける結果、ほとんどの場合、公判で争うよりも自己負罪型の答弁取引により刑を軽減する途を選ぶからである。

これに対し、日本の制度では、標的とされた者が自己負罪型の司法取引をすることはできないため、ほとんどの場合に標的事件で公判が行われることになると予測される。古典的司法取引は類型的に巻込みの危険が生じやすい仕組みであることから、協議・合意制度が古典的司法取引として利用された場合、標的の弁護人が公判で巻込みの危険に関するチェック機能を一次的に果たすことになり、その役割は非常に重要なものとなる。

⑵ 合意がなされた事実の把握

標的の弁護人が、標的にとって不利な合意がなされたことを捜査段階で把握することは難しい。確認の方法として、共犯者（すなわち協力者となる可能性のある者）の弁護人や検察官に確認することが抽象的には考えられるが、これらの者としては、協議・合意に関する事実を標的の弁護人に明かすべき理由がないと言わざるを得ない。

したがって、合意がなされた事実およびその内容について弁護人が知ることになるのは、基本的には公判段階に至ってからとなる。

⑶ 公判段階
1） 基本的な考え方

標的事件の弁護人にとっての最大の課題は、協議・合意制度を適用した結果なされた協力者による虚偽の（または著しく誇張された）供述によって、標的とされた被告人が不当に不利な判決を受けないようにすることに尽きる。

特に、協議・合意制度が古典的司法取引として用いられる場合は、すでに見たとおり、類型的に巻込みの危険が常にあると言わざるを得ず、協力者による供述の信用性は基本的に疑ってかかる必要があろう。

協議・合意制度が用いられる場合でも、共犯者を含む第三者供述の信用性を判断する基準が特に変わるわけではない。すなわち、①客観的証拠との整合性、②供述に至る経緯、③供述内容の変遷、④供述内容の合理性、および⑤虚偽供述の動機等の要素を考慮し、総合的に判断することになる。[*48]

協議・合意制度の下でなされた供述については、これらのうち特に①と⑤について重点的に検討する必要があろう。

2)　客観的証拠との整合性

協議・合意制度の下でなされた協力者の供述の信用性評価に当たり最も重要となる観点は、やはり①客観的証拠との整合性である。協議・合意制度の下で協力者がする供述は、検察官と（協力者の）弁護人による一応のチェックをクリアしてきたものであり、一見して不合理であるといったものがあるとは思われない。それを崩すためには、単に供述内容に着目するだけでは不十分であろう。

まず、協力者の供述が既存の客観的証拠と矛盾していないかという点の検証は最低限必要である。特に矛盾はないとしても、供述内容を裏付ける客観的証拠がどの程度あるかという視点で検証してみることも必要である。法律上、共犯者供述に補強証拠が要求されているわけではないが、裏付け証拠が十分とはいえない状態で、取引に基づく供述、とりわけ共犯者供述だけで被告人の犯行への関与を認定することは、経験則に反する事実認定と評価されるべき場合が多いと考えられる。[*49] 確かに、「合意制度の当面の運用に関する検察の考え方」によれば、検察官は、本人の供述につき裏付け証拠が十分にあるなど積極的に信用性を認める事情がある場合にのみ合意することとなっているが、特に、協

---

*48　日本弁護士連合会「平成26年度版 刑事弁護実務（追補版）」（司法研修所、2015年）186、187頁。

*49　後藤・前掲注21論文17頁。

議・合意制度が古典的司法取引として用いられる場合、現代的司法取引の場合と比較すると、協力者から提供された客観証拠の量が必ずしも豊富とは言えない場合が多く、裏付け証拠が決して十分とは言えないケースは生じ得る。標的の弁護人としては、こうした視点をもって、被告人の関与を示す他の証拠の有無を確認・検討しなければならない。

この点で、標的事件の弁護人にとって参考になる米国の裁判例として、東海興業事件がある。

この事件は、日本の自動車部品メーカー（A社）が、競争事業者と製品の価格に関するカルテルをしていたとして起訴された事案である。この事件では、他のメーカーがすでにカルテルを認めて司法省に対する捜査協力を行っていた。すなわち、A社は、共犯者に売られた形になる。

A社を起訴した司法省は、捜査協力に応じた他のメーカーの社内資料等に「既得権」といった記載があることをもって、メーカー間で受注調整が行われていた証拠であると主張した。これに対し、A社は、「既得権」という記載は、ある会社がその取引を現在受注していることを示す表現に過ぎないと反論するとともに、競争者間の競争は活発に行われていた（すなわち、カルテルは行われていなかった）ことを示す諸事情を主張・立証した。連邦地裁における陪審による公判審理（Trial）の結果、陪審はA社について無罪の評決をし、2017年11月29日に無罪判決が出されたものである。

本事件で無罪評決が出された要因は多岐に渡ると思われる。ただ、標的とされたA社の弁護人としては、協力者（他のメーカー）が提供した社内資料等に書かれた「既得権」という言葉の意味を抽象的に批判するだけではおそらく不十分であり、会社間で情報交換がなされていたという事実を裏付ける客観的証拠の有無について十分に分析し、その不備を具体的に指摘できたことが勝因の一つではないかと思われる。

この事件のように、司法取引が用いられるケースでは、検察官が、もともと客観的証拠が乏しい中で、協力者の供述等によって足りない立証を補おうとしている事例が決してないわけではない。客観的証拠との整合性や裏付け証拠の必要性については、様々な場面で強調されているが、何度繰り返されてもその

重要性が強調され過ぎることはない。

3) 虚偽供述の動機

協議・合意制度の下でなされた協力者の供述については、⑤虚偽供述の動機
も重要な考慮要素となる。共犯者供述の信用性は常に慎重に判断すべきもので
はあるが、特に取引の結果なされた供述は、仮に協力者が純然たる悔悟から供
述しているような場合であっても、協力者の刑事責任の軽減を必ず伴うため、
虚偽供述の動機は多かれ少なかれ類型的に存在していると考えざるを得ない。

まず、取引の結果として協力者に認められる刑事責任の軽減の程度が大きけ
れば大きいほど、責任の軽減を得ようとして協力者が虚偽の供述をするおそれ
は大きくなると考えられ、その信用性は下がる。[50]取引の結果として協力者に
認められた恩典の客観的な内容は合意内容書面から確認することができるが、
それが虚偽の供述にどの程度結びつくものであるかは、合意事件の全体を把握
しないとわからない場合も多いであろう。例えば、他の共犯者は同様の供述を
行っていない中で、協力者だけが標的に不利な供述をしているような場合には、
合意の内容が協力者にとって主観的に非常に重要であったといった分析も可能
になる。

また、合意によって認められる恩典が破格のものであるような場合には、協
力者にとって事実上合意しないという選択肢が奪われることになることがあり
得る。特に、不起訴処分とするような場合には、他の処分と比べて協力者にと
ってのメリットが大きく、注意が必要であろう。

こうした点に加えて、協力者と標的の間の従前の人間関係についても調査が
必要である。例えば、協力者が標的に恨みを持っていたり、協力者の近親者が
犯行に関与していた疑いがあったりする場合には、被告人への報復や真犯人で
ある近親者をかばうこと等を目的として虚偽供述がなされるおそれもある。

協議・合意制度の創設前の裁判例ではあるが、最一判平元・6・22刑集43
巻6号427頁は、「犯行に関与しているものの、関与の程度が客観的に明確と

---

*50　後藤・前掲注21論文17頁。

なっていない者は、一般的に、自己の刑責を軽くしようと他の者を共犯者として引き入れ、その者に犯行の主たる役割を押し付けるおそれがないとはいえない。」と判示している。また、共犯者の供述の信用性について検討したこれまでの裁判例でも、「自己の責任の全部又は一部を他人に転嫁して責任の軽減を図ろうとした」という動機を指摘した例は多く、特に共犯者自身も実行行為を行っているが、その関与の程度が客観的に明確でない事案で問題となることが多いとされている。[51]こうした裁判例の判示は、協議・合意制度の下でも基本的に妥当することに改めて留意すべきであろう。

⑷　検察官の合意違反があった場合の対応

　刑事訴訟法350条の14は、検察官の合意違反があった場合は、協議においてした供述、合意に基づいてした被告人の行為により得られた証拠は、これを証拠とすることができないとしている。これは、合意違反に強い効果を持たせることにより検察官による合意履行を確保しようとするという趣旨に基づくが、本条による証拠能力制限の範囲が派生証拠にまで及ぶかという問題がある。先述した振り込め詐欺の設例で言えば、Ｘが協議においてした供述に基づき検察官が得た物的証拠（例えば、振り込め詐欺の手順を記載したマニュアル等）も検察官は利用できなくなるのかという点を考えてみてほしい。

　合意事件について公訴棄却の判決がなされる以上、派生証拠まで制限の対象とする必要はないという見解もあるが、[52]検察官が自ら合意に違反することは協議・合意制度の根本を揺るがす事態であるし、刑事訴訟法350条の12が検察審査会の決議による合意失効の場合にも派生証拠の証拠能力を制限していることとのバランスを考えれば、本条による証拠能力制限の範囲は派生証拠にまで及ぶと考えるのが妥当である。[53]したがって、合意違反があるにもかかわらず、派生証拠が利用される場合には、標的事件の弁護人としては、派生証拠は採用

＊51　小林充・植村立郎『刑事事実認定重要判決50選〔第2版〕（下）』（立花書房、2013年）262頁。

＊52　吉川崇・吉田雅之「刑事訴訟法等の一部を改正する法律（平成28年法律篇54号）について⑶」法曹時報70巻1号（2018年）159頁。

＊53　後藤昭ほか編・注22書1021頁〔笹倉香奈〕。

180　　第4部　日本の協議・合意制度の検討——米国等の司法取引事情を踏まえて

できない旨主張すべきである。

⑸ 共犯者との関係

犯行に複数の者が関与していた場合、一部の者についてのみ協議・合意制度が適用されて寛大な処分が認められたにもかかわらず、その他の者には協議・合意制度が適用されず、むしろ標的として重い処分を受けることになるケースが生じ得る。こうした場合に、標的とされた被告人は、協議・合意制度が不公平に適用されたと主張して、自らに対する起訴を違法とすることができるかという問題がある。[54]

この問題は、日本でも米国でも、基本的に公訴権濫用の問題として処理される。最一判昭和55・12・17刑集34巻7号672頁によれば、「検察官の訴追裁量権の逸脱が公訴の提起を無効ならしめる場合がありうるが、それはたとえば公訴の提起自体が職務犯罪を構成するような極限的な場合に限られる」と解されている。この判例を前提とする限り、標的とされた被告人による協議・合意制度の不公平な適用に関する主張は、ほとんどの場合排斥されざるを得ないだろう。

---

*54　宇川春彦「司法取引を考える⑸」判例時報1590号（1997年）45頁。

第3章

現代的司法取引として用いる場合

1　想定される典型的な事例

　すでに見たように、協議・合意制度は、古典的司法取引としても現代的司法取引としても機能するような制度となっている。現代的司法取引として用いる場合は、古典的司法取引とは異なる考慮が必要になる場面が生じ得るので、以下、それらの場面に重点を置いて解説する。

　協議・合意制度が現代的司法取引として利用される場合の典型的な事例としては、次のようなものが考えられる。

　X社の法務部は、従業員からの内部通報により、事業部長Yの指示で不適切な会計処理がなされ、それによって捻出された資金が外国政府の大臣に送金されていた疑いがあることを把握した。X社は、日本で設立された会社であるが、国外の主要国でも広く事業活動を行っているほか、株式等を国外の証券取引市場で上場しており、もし事業部長Yが本当にそのような行為をしていたとすれば、日本だけでなく外国でも刑事事件となる可能性があり、X社のレピュテーションに深刻なダメージを与えることが予測された。

　上記のような事案で、X社が、事業部長Yの刑事責任を裏付ける社内資料等を捜査機関に提供し、X社の刑事責任を軽減しようとするケースは、まさに協議・合意制度が現代的司法取引として用いられる場合に当たる。以下、上記のような事案を念頭に置きながら、協議・合意制度の適用に際して生じる留意

点・問題点を検討する。

2　協力者（X社）の弁護人から見た場合

⑴　協力者の弁護人の役割

　協議・合意制度が現代的司法取引として用いられる場合であっても、協力者の弁護人の基本的な役割は、古典的司法取引の場合と共通する。すなわち、協力者となる会社の利益を守るために必要な助言をすることこそが、協力者の弁護人の一次的な役割となる。

　ただし、現代的司法取引の事案では、協力者の弁護人は他にも事実上いくつかの役割を果たす。

1）　社内調査の適切性の担保

　第1に、協力者となる会社の弁護人は、協議開始の前に行われる社内調査が適切に実施されたものであることを事実上担保する役割を果たす。社内調査については後ほど詳しく検討するが、協力者となる会社の弁護人は、社内資料のチェックや従業員のヒアリング等を行い、その結果を踏まえて会社に協議開始を検察官に申し入れるべきかどうか助言する。その上で協議がまとまれば、弁護人による同意と合意内容書面への連署を経て、合意の成立に至る。

　古典的司法取引の場合には、協力者の弁護人が事実関係について事前に十分確認する方法や時間がなく、事実関係について何らの保証もできる立場にない。このため、弁護人にできることはせいぜい慎重な対応を協力者に促す程度のものしかなく、合意内容書面に弁護士の連署を要求するという仕組みにはほとんど意味がないといった批判がなされている。

　しかし、現代的司法取引の場合には、弁護人は、会社から依頼を受けて、自ら社内調査に関与して事実関係を精査し、その上で協議開始を申し入れるべきかどうか会社に助言することになる。もちろん、弁護人による協議開始前の事実認定は、社内調査の結果得られた証拠のみに基づく暫定的なものであり、弁護人が事実関係について何らの保証もできる立場にないことは変わらない。し

かし、協力者およびその弁護人が検察官に協議開始を申し入れる際には、協議に応じるよう検察官を説得するための材料として、弁護人の関与の下に社内調査がなされ、その結果自社従業員による犯罪を裏付ける証拠が得られたことを主張すると思われ、検察官もそのことを前提として協議に応じるかどうか検討することになる。協議開始までの以上のような流れから、協力者となる会社の弁護人は、一定の質を備えた適切な社内調査が実施されるよう依頼者（会社）に助言するとともに、検察官に対し、適切な社内調査が実施されたことを申し述べることになり、社内調査が一定の質を備えたものとなっていることが事実上担保されることになる。

2) 弁護士・依頼者間秘匿特権等の確保

第2に、協力者となる会社の弁護人は、社内調査の結果を意図せざる外部への流出から保護する役割を果たす。この点は、ある事件が、日本だけでなく外国、特に米国でも刑事訴追の対象となる可能性がある場合に特に重要になる。

社内の従業員だけで社内調査を実施した場合、その過程や結果に関する社内資料は、法律上の扱いにおいてその他の社内資料と何ら異なるところがない。したがって、米国の大陪審が提出を命じるサピーナを発付したり、米国で提起された訴訟の相手方からディスカバリーで開示を求められたりした場合、提出・開示を拒絶することができなくなってしまう。

これに対し、社外の弁護士に社内調査およびその後の対応に関する法律相談を依頼した場合、社内調査の過程や結果に関して社外の弁護士が取りまとめた資料は、米国法上、弁護士・依頼者間秘匿特権等による保護を受け、サピーナやディスカバリーによる提出・開示要求がなされても開示・提出を適法に拒絶することができる。[55] 米国以外の法域でも弁護士と依頼者間のコミュニケーションを保護する制度を設けていることがあり、社内調査を実施するに際して弁

---

*55　もちろん日本の弁護士は米国で資格を有する弁護士であるとは限らない。しかし、米国の判例上、依頼者と日本の弁理士（弁護士ではない。）との間のコミュニケーションに関する文書は、米国法上、弁護士・依頼者間秘匿特権等による保護を受けるとされており（Eisai Ltd. v. Dr. Reddy's Laboratories, Inc., 406 F. Supp. 2d 341 (S.D.N.Y. 2005)等）、日本の弁護士についても同様に解されると思われる。

護士を起用することには重要な意味がある。

日本では、弁護士・依頼者間秘匿特権等が「現行法の法制度の下で具体的な権利又は利益として保障されていると解すべき理由は見出し難い」とした裁判例があるが[*56]、弁護士が業務上保管・所持する文書等については押収拒絶権が認められている[*57]等、弁護士を関与させることには依然として一定の意味がある。また、日本でも、独占禁止法違反に対する調査手続について、海外の主要国における手続と平仄を合わせるべく、次の独占禁止法改正と合わせて、公正取引委員会規則で弁護士・依頼者間秘匿特権を部分的に導入することが閣議決定された[*58]。独占禁止法違反、特にカルテルについては、同一の事件が複数の国で調査・捜査の対象となることが珍しくないため、日本の手続がグローバル・スタンダードから乖離している点が目に付きやすく、弁護士・依頼者間秘匿特権等がない点も日本企業からかねてより批判されてきたところであった。社内調査に弁護士を関与させる意義は、今後も増すことはあっても、減ることはまずないといえよう。

なお、付言すると、弁護士・依頼者間秘匿特権等による保護の範囲は法域によって異なることに注意する必要がある。特に、社内（インハウス）の弁護士や、その国で資格を有しない弁護士その他の専門職とのコミュニケーションに関する文書等が保護の対象となるかという点は、法域によって大きく考え方が異なることがある。

⑵　社内調査

1）　社内調査の必要性

現代的司法取引として協議・合意制度を用いる事案では、捜査機関に自社従業員の犯罪を申告する前に、協力者となる会社において綿密な社内調査を実施することが必須である。

---

*56　東京高判平成25・9・12判例集未登載（JASRAC記録閲覧謄写許可処分取消請求控訴事件。LLI/DB判例秘書登載（L06820785）。ジュリスト1462号〔2014年〕4頁に紹介記事あり。）。
*57　刑事訴訟法105条、222条1項。
*58　2019年3月12日付公正取引委員会プレスリリース。

もちろん理論上は、社内で疑惑を把握した段階で即座に捜査機関に自主申告するといった対応も不可能ではない。先述した設例で言えば、X社は、「事業部長Yが外国公務員贈賄をしている疑いがある」という内部通報があった段階で、直ちに捜査機関に当該事実を申告し、協議開始を申し入れることも一応可能ではある。しかし、この段階では、具体的な被疑事実も特定できておらず、内部通報されたような事実が本当に存在するかどうかもまだわからない段階である。万が一、内部通報が誤りであったことが後で判明すれば、X社は、捜査機関を巻き込んだ空騒ぎによって自社のレピュテーションを損なうことになる。また、内部通報されたような事実が本当に存在したかどうか確かめるためには、結局は社内調査を実施せざるを得ないが、すでに捜査機関による捜査が本格的に始まった状況で、犯行に関係した従業員の十分な協力が得られるかどうかも定かではない。

　このように、協力者となる会社としては、疑惑を把握したならば即座に捜査機関に申告すればよいというものではない。時間や費用との兼合いもあるが、基本的には綿密な社内調査を実施し、事実関係を確認するとともに、それを裏付ける証拠をある程度揃えた段階で、捜査機関に自社従業員による犯罪を申告し、検察官に協議開始を申し入れることが標準的な対応となろう。

2)　社内調査の方針

　どの程度綿密な社内調査を実施するべきかという点は、事件ごとに個別の事情を考慮して判断せざるを得ない。しかし、一般的な方針としては、事件の内容にかかわらず、基本的には米国の捜査当局を相手にした場合に実施すべき社内調査と同様の方法・程度により実施するのが妥当であり、第1部や第2部における社内調査に関する説明を参考にしていただくことが望ましい。

　これは、企業訴追に関する実務が米国司法省を相手とする事件を通じて発展

＊59　特にカルテル等、独占禁止法上の不当な取引制限の罪に該当する行為が絡むケースでは、リニエンシー申請（日本では課徴金減免申請）を行うべき場合があるが、リニエンシー制度は当局への申告順に応じて減免内容に差異を設けていることが多く、他のケースよりも時間の制約が厳しいものとなる。

186　第4部　日本の協議・合意制度の検討——米国等の司法取引事情を踏まえて

してきたという歴史的経緯にもよるが、外国公務員贈賄等、いくつかのホワイトカラー犯罪に関する事件は、規制法の域外適用により同一の事件が複数の国で訴追される可能性があるため、米国のスタンダードに合わせて社内調査を実施しておくことが手堅い対応であると言えるからでもある。

3)　文書等の保全

社内調査を開始するに際しては、まずは証拠となる社内資料を保全するための措置を適切に講じる必要がある。具体的には、第2部でも見たように、必要な範囲の部署・人員に対して社内通知を発し、証拠の破棄・隠滅は社内処分の対象となることを明確にしておく必要がある。

こうした社内通知は、米国では「Litigation Hold Notice」と呼ばれる。米国では、民事・刑事を問わず、訴訟の具体的な可能性が生じた時点以降に証拠を破棄・隠滅すると、司法妨害（Obstruction of Justice）としてそれ自体が非常に重い制裁の対象となる。近時の実例をいくつか見てみよう。

まず証拠隠滅をした個人については、例えば、ある日系企業の従業員は、会社に対してカルテルの疑いで米国司法省の捜査が及んだ際、自ら、または他の従業員に指示して、社内の電子メールや業務上の文書を破棄する等した結果、司法省との間でこれら証拠隠滅行為を認める答弁取引をし、懲役14月の実刑および罰金の支払に服することを合意したとされる。

従業員による証拠隠滅を図らずも許してしまった会社については、従業員による証拠隠滅は罰金額を加算する要素となる（第1部の量刑ガイドラインに関する解説を参照。）。例えば、カルテルで米国司法省の捜査を受けたある日系企業は、カルテルに加えて、捜査の過程で従業員が証拠隠滅をしたことについても有責性を認める答弁取引を行い、最終的に罰金6530万ドル（約73億7890万円）の支払を合意するに至った。

こうした事態を回避するためには、協力者となる会社としては、従業員にかかる証拠の破棄・隠滅を防ぐために適切な措置を講じたと主張できるようにしておくことが最低限必要となる。

余談となるが、日本の協議・合意制度は、協力者が虚偽の供述をしたり、虚

偽の証拠を提出したりした場合には通常よりも重い制裁の対象とするが、業務上の文書やデータを破棄したとしても制裁を加重せず、通常の証拠隠滅罪で処罰することにしている。ホワイトカラー犯罪の事案で協議・合意制度を用いる場合、証拠として重要な役割を果たすのは、協力者となる会社の従業員の供述よりも、むしろ会社の業務上の文書やデータのほうである。もし協力者となる会社の従業員が社内調査や取調べで虚偽の供述をしたとしても、業務上の文書やデータが会社から提供されれば、従業員が業務上行った行動を細かく洗い出し、虚偽の供述を崩すことが十分に期待できる。しかし、逆に、業務上の文書やデータが破棄されてしまえば、従業員が虚偽の供述をしたとしても、それを崩すことは難しくなる。虚偽供述および虚偽の証拠の提出だけを加重処罰の対象とし、文書やデータの破棄を加重処罰の対象としないという制度設計は、特に現代的司法取引として協議・合意制度が実際に用いられる場面における証拠の価値を見誤ったものであると言うべきである。

4) 文書等のレビュー

　従業員のパソコンや業務記録を提出させ、フォレンジック業者および弁護士を用いてレビューさせることも必須である。詳しい手順は、米国に関する事情を紹介した際に見たとおりであるが、近年は犯行に用いられるツールも多様化し、パソコンだけでなくスマートフォンに記録されたデータや、オンラインチャットの履歴等がレビューの対象となることもある。

　米国と事情が異なる点として、日本企業の従業員のパソコンや業務記録の中には、日本語を始めとして中国語その他のアジア系の言語で書かれたものが多いという点が挙げられる。日本でフォレンジックサービスを提供する業者はそれなりの数が存在するが、中には米国でディスカバリー対応を行っている業者が営業のための日本支店を立ち上げただけというケースもあり、こうした業者のシステムは、漢字をはじめとするアジア系の文字をうまく処理できないことも多い。最悪、文字化けだらけの文書を弁護士がレビューすることになるおそ

＊60　刑事訴訟法350条の15第１項。

れもあり、フォレンジック業者の選定には注意が必要である。また、サポート体制も考慮する必要がある。フォレンジック業者の中には、アジアではシンガポールにしかサポート拠点がなく、日本でトラブルが生じた際にタイムリーな対応ができないところもないわけではない。

5) 従業員のヒアリング

犯行への関与が疑われる従業員のヒアリングも必須である。社内調査における従業員に対するヒアリングは、限られた期間内に集中的に行う必要があるため、多数の弁護士を投入して行わざるを得ない場合が多い。また、ヒアリングに先立ち先述した文書等のレビューも行っておく必要があるため、必要となる人員は膨大なものとなる。

従業員に対するヒアリングを実施する際に、第2部でも見た米国におけるアップジョン警告と同等の告知を事前にしておくことは、もはや企業法務実務家にとっては確立した実務であるといえる。アップジョン警告は当該事件が米国でも問題となる場合に関係することはもちろんだが、たとえ日本でしか問題とならない事件であっても、協議・合意制度の利用に当たっては必ず標的となる従業員が出てくることから、標的となる従業員と会社の間に不可避的に生じる利益相反を回避するために必要となる。

また、標的となる可能性が高いと判断される従業員と会社を同じ弁護士が代理することも、協議・合意制度により一方が他方を捜査機関に売るという緊張関係が生じることを考えると、もはや日本でも正当化することはできないと考えられる。従前から、実務上、米国司法省への捜査協力に際して、最終的に標的となる可能性が高いと判断される従業員には、独立した弁護士を付けるという運用がなされてきたが、今後は同様の運用を日本でも徹底する必要があろう。

ここで、米国がたどったのと同様、標的従業員個人の弁護士の費用を会社が負担することができるかという問題が生じる。日本の会社で、このような問題が生じた場合の従業員の弁護士費用について明確なポリシーを有しているところは、まだ少ないと思われる。また、日本では、弁護士は費用の出し手の意向に強く影響されるおそれがあるという考えが根強く、会社が標的従業員の弁護

第3章 現代的司法取引として用いる場合　189

士費用を負担することに対して慎重な見方も依然として有力ではないかと思われる。しかし、米国における議論と同様に、従業員個人について適切な弁護がなされることは、会社にとって不利益な事実認定がなされることを避ける上でも意味があること等を考えると、会社が標的従業員個人の弁護士費用を負担することには一応の合理性はあるといえよう。起用された個人の弁護士の独立性について適切な手当てがなされている限り、会社が従業員個人の弁護士費用を負担することも正当化され得ると考えるべきであろう。

(3)　社内調査の結果を踏まえた検討

　社内調査の結果、従業員が犯罪を行っていたことを裏付ける証拠が出てきた場合、会社としては、黙っていても当該犯罪が捜査機関に発覚するおそれがあり、後日発覚した場合に会社が捜査機関に当該犯罪について自主的に申告していなかったことが非難されるおそれがあると判断した場合は、捜査機関に自社の犯罪を自主申告することを選択することになる。また、取締役は、自社の犯罪を捜査機関に自主申告すればより少ない損害で済んだと考えられるにもかかわらず、自主申告を怠って会社に生じる損害を軽減することに失敗した場合、株主から代表訴訟を提起されるリスクを負う。この点も、会社を自主申告に向けて後押しする重要な要素となる。

　このように、発覚する可能性を考慮に入れた思考方法に対しては、非倫理的であるといった批判もあり得る。しかし、むしろ会社が上記のように経済合理性を重視した意思決定をするからこそ、会社は、自社従業員の犯罪を捜査機関に自主申告してでも最小限のダメージで問題を解決しようという、自然人であれば通常は選ばない選択肢に沿って行動することを選択するものである。重要なことは、会社がより自主申告を選びやすい環境を作り、会社による自主的な申告の後押しをすることである。

　では、会社が自主申告するかどうかを検討する際に重要となる要素は何か。それは、自主申告した場合に生じる帰結についての予見可能性であると考えられる。第2部で米国の事情を見た際、捜査機関に発覚する前に企業が自社の犯罪を自主申告するケースが急増したのは、カルテルについて言えば、1993年

のリニエンシー・ポリシーの改定により、発覚前の第1順位申請者に完全な免責を与えるとの方針が公表された後、外国公務員贈賄について言えば、2016年のFCPAパイロット・プログラムにより、自主申告した会社に与えられる恩典の内容から裁量の余地を原則排除することを公表した後であったことを想起されたい。自主申告に対する恩典の内容が、検察官による裁量の余地を小さくして予め明確に定められていれば、企業にとって結果の予見可能性が高まり、会社の弁護士としても自主申告を勧めやすくなる結果、企業が自主申告をより選びやすくなる。

　現状、日本の検察庁は、犯罪を自主申告した会社に与えられる恩典の内容についても、そもそも自主申告をしようとする場合にどの部署にコンタクトすべきかといった手続面についても、何らのガイドラインも公表していない。これでは、自主申告を考えている会社としては、せっかく自主申告してもどのような結果に終わるか確度の高い予測をすることができず、自主申告を躊躇してしまう会社が出てくるように思われる。

⑷　対象となる犯罪

1)　対象犯罪該当性に注意する必要性

　日本の制度の下では、協力者となる会社は、検察官に協議開始を申し入れる前に、対象犯罪該当性について注意して検討しておく必要がある。

　第2部で見たように、日本の刑罰法規は、米国とは異なり、原則として自然人だけを対象とし、法人を処罰するためにはその旨を定めた特段の規定（両罰規定）が必要であるという立場を採る。したがって、協議・合意制度の下で会社等の法人が協力者になるためには、問題となっている事件に適用される罪が、特定犯罪に該当し、かつ、法人を処罰する両罰規定を有するものでなければならない。

　会社が協力者になろうとする場合には、罪名に関する上記の制約が障害となる場合がある。例えば、先述した設例で、X社による社内調査の結果、事業部長Yが外国の公務員に賄賂を渡していたことが判明したのであれば、事業部長Yの行為は外国公務員贈賄（不正競争防止法違反。特定犯罪に該当し、両罰規

第3章　現代的司法取引として用いる場合　　191

定もある）に該当し、特段の問題は生じない。しかし、社内調査の結果、事業部長Yが賄賂を渡した相手が外国ではなく日本国の公務員であることが判明した場合、単純贈賄罪（特定犯罪に該当するが、両罰規定はない）となり、犯罪の性質はほとんど変わらないにもかかわらず、X社は協議・合意制度を利用できないという結論に至る。

　両罰規定がなければ会社はそもそも刑事責任を負わないのだから、協議・合意制度を利用できなくても会社にとって何の問題もないと考えることもできる。しかし、会社が協議・合意制度を利用できないということは、従業員による犯罪である以上会社のレピュテーションには確実に悪影響を与えるにもかかわらず、犯行に関与した従業員個人に事件への全対応を委ねざるを得ないということでもある。少なくとも、賄賂を渡した相手が外国の公務員か、日本国の公務員であるかという違いによって、会社に事件当事者として関与する余地を与えるかどうかという点で差異を付ける合理的理由はないように思われる。

2)　独占禁止法の課徴金減免制度との関係

　独占禁止法違反も協議・合意制度の対象犯罪に該当するが、独占禁止法違反のうち不当な取引制限については、協議・合意制度とは別に課徴金減免制度が設けられているため、両制度の使い分けも検討する必要がある。

　基本的な方針としては、犯罪の内容が課徴金減免制度を適用できるものであれば、課徴金減免制度の適用を優先して申請するべきであろう。公正取引委員会による調査開始の前に第1順位で違反行為を申告した事業者には、その後の調査協力が適切に行われる限り、その従業員も含めて、刑事責任および行政制裁である課徴金を免除するという恩典が与えられ、協議・合意制度を用いる場合よりも恩典の内容と確実性の両面で事業者にとって有利だからである。

　もっとも、すでに先順位で課徴金減免申請をした事業者がいて、課徴金減免申請をしても完全な免責を受けられない場合には、課徴金減免制度とともに協議・合意制度の適用を申し入れることも選択肢となる。また、社内調査の結果判明した事実関係が、不当な取引制限の罪だけでなくその他の犯罪をも構成する事実を含むものであった場合にも、課徴金減免制度だけでは（仮に調査開始

前の第1順位の申請が可能であっても）完全な免責にたどり着けない場合があり得るため、やはり課徴金減免制度とともに協議・合意制度の適用を申し入れることも選択肢となる。

⑸　協議開始の申入れ

　すでに見たように、古典的司法取引の場合には、協力者・検察官のいずれから協議開始を申し入れることも理論上は可能であるが、どうしても協力者としては手の内を検察官に示すことに躊躇せざるを得ず、結果、検察官から協議開始を申し入れてくるケースの方が多くなると考えられる。

　これに対し、現代的司法取引の場合には、社内調査を経て協力者となる会社が自社の犯罪を自主申告するとともに、検察官に協議開始を申し入れるというのが標準的な流れになると考えられる。なお、第1号案件では、検察官から協議・合意制度の適用に関する申入れがあったと報じられているが、これは過渡期における特殊なケースとみるべきであろう。

　理論上は、現代的司法取引として協議・合意制度を用いる場合であっても、検察官から会社に対して協議・合意制度の利用を促すことは不可能ではない。例えば、検察庁の特捜部がA社に関する事件について捜査している過程で、たまたまB社についても関連する犯罪が行われているとの疑いが生じたような場合に、B社から証拠を得て両社に対する事件を一網打尽にするために、検察官からB社に対し「こういう点について社内調査をしてみてはどうか。」といった形で協議・合意制度の利用を促すことが観念できないわけではない。ただし、このような働きかけは、特に複数の会社が関与しているような事案では、一部の会社だけを検察官が優遇することになるおそれがあり、訴追裁量権の偏頗な行使として非難されるおそれがあろう。

　さて、原則どおり会社から協議開始を申し入れる場合にも、具体的にどのようなチャンネルで最初のコンタクトを行うかという点はよく考える必要がある。古典的司法取引の場合は、この点はあまり問題とならない。すでに具体的な事件の捜査がある程度進んでいて、事件を担当している検察官がすでに定まっているはずだからである。これに対し、現代的司法取引の場合は、まだ具体的な

第3章　現代的司法取引として用いる場合　　193

被疑事件が検察庁に察知されていない段階で事件を自主申告しようとするのであるから、当然、その事件を担当する検察官は決まっていない。本書執筆時点では、検察庁は、こうした場合に会社がどの部署にコンタクトすべきか公表していないが、自主申告を考えている会社にとって、具体的な申告の窓口や手順がよくわからないというのは非常に使い勝手が悪い。検察庁が会社による自社の犯罪の自主申告を積極的に促したいと考えているのであれば、せめて担当窓口を決め、公表することを強く求めたい。なお、独占禁止法の課徴金減免制度が成功した理由の一つとして、申告の窓口および手順が一義的に明確に定められ、施行前から公表されていたことが挙げられる。課徴金減免制度の申告は、公正取引委員会の審査局から独立した課徴金減免管理官が一元的に管轄することとされ、最初のコンタクトの方法も一義的に定められている。[61]発覚前の自主申告を検討している会社にとって非常に安心できる仕組みであるといえよう。

⑹　合意の内容

　古典的司法取引との関係で見たように、協議・合意制度の下で協力者が合意できる協力の内容は、①取調べに対して真実の供述をすること、②公判廷での証人尋問に対して真実の証言をすること、および③証拠の提出その他の必要な協力をすることの3点、並びにそれに「付随する事項その他の合意の目的を達するために必要な事項」に限られる。

　「証拠の提出その他の必要な協力をすること」や、協力行為に「付随する事項その他の合意の目的を達するために必要な事項」については、内容が一義的に明らかでないため、古典的司法取引の場合と同様、協力者となる会社の弁護人としては、協力者に不合理な協力が要求されることのないよう注意する必要がある。

　ただし、現代的司法取引の場合には、会社が協力者となるため、協力者が合意できる協力の内容は、前記の③証拠の提出その他の必要な協力をすること、

---

*61　具体的には、指定された書式を、指定された番号にFAXすることによって提出することとされている。FAXが用いられるのは、課徴金減免制度では会社間の申請順位が決定的な意味を持つため、FAX受信の先後で申請順位を一義的に確定するためである。

およびそれに「付随する事項その他の合意の目的を達するために必要な事項」に事実上限られることになろう。協力者となる会社は法人であり、代表者のくちを用いる場合を除き、供述や証言はできないからである。代表者、または代表者から適法な授権を受けた者をして、社内調査の結果を報告する供述をさせるといった形で供述・証言させることは、理論上は不可能ではないかもしれない。しかし、社内調査の結果を整理した書面を証拠として提出させるとともに、「〔協力行為に〕付随する事項その他の合意の目的を達するために必要な事項」として、提出した証拠が適切・誠実に作成されたものであることを誓約する書面を代表者に提出させる等するほうが両者にとってよほど簡便であろう。

　従業員の供述については、社内調査の際にヒアリングで従業員から聴取した内容を録取した書面を会社から証拠として提出するという方法で検察官に提供するのが最も簡便な方法となろう。立証の必要性の程度によっては、検面調書の作成や公判廷での証言の確約を会社に要請することも考えられる。なお、これらの方法による場合、万が一、従業員が虚偽の供述をしていたことが事後に明らかになったとしても、それは協力者（会社）ではない者（従業員）による行為であり、協力者である会社の合意違反を構成しないと解すべきである。

　なお、形式的には「〔協力行為に〕付随する事項その他の合意の目的を達するために必要な事項」とみる余地のある事項であっても、被疑者・被告人にとって重大な不利益を課す危険性の高いものはあり、それらについてはもはや「〔協力行為に〕付随する事項その他の合意の目的を達するために必要な事項」の範囲を超えたものとして扱うべきである。例えば、会社が誠実に捜査協力をしているかどうかを判断するための資料として、会社に弁護人との連絡にかかる電子メールや弁護士作成の意見書等の提出を求めることなどは、形式的には「合意の目的を達するために必要な事項」とみる余地もないではないかもしれないが、弁護人との自由な意思疎通に萎縮を生じさせるおそれもあり、もはや協議・合意制度が予定している協力事項とは言えないと解するべきである。米国でも、捜査協力と弁護士・依頼者間秘匿特権のバランスは非常にセンシティブな問題であり、ホワイトカラー犯罪における捜査協力の程度を巡って議論が生じ、最終的には弁護士・依頼者間秘匿特権の保持が捜査協力よりも優先され

ることになったという歴史があったことに留意すべきである。

⑺ 合意の効果・終了

　合意の効果および合意の終了に関しては、考慮すべき点は古典的司法取引の
場合と基本的に同様であると考えられるので、それぞれの該当する部分（合意
の効果については第4部第2章2⑹、合意の終了については第2章2⑺）を参
照されたい。

3　標的（事業部長Ｙ）の弁護人から見た場合

⑴　標的の弁護人の役割

　古典的司法取引との関係で見たように、日本の制度では、自己負罪型の司法
取引が認められていないため、ほとんどの場合に標的事件で公判が行われるこ
とになる。標的の弁護人の主たる役割が、公判で巻込みの危険に関するチェッ
ク機能を果たすことにあるという点は、現代的司法取引の場合も変わりはない。
　ただし、現代的司法取引の場合、標的の弁護人は、協力者と必ずしも常に対
立する立場にあるわけではなく、必要に応じて協力者とも協働すべき場合があ
ることに留意する必要がある。このような状況は一見おかしいように思われる
かもしれないが、現代的司法取引の場合には、標的（従業員）の罪責が小さく
なるほど、協力者（会社）の本来の罪責も小さくなるという関係にあることを
想起する必要がある。例えば、会社が協力者となって標的に対する捜査が進め
られていく中で、捜査機関が事実関係を誤認し、会社が認識しているよりも広
い罪責を標的（従業員）に負わせようとしている場合、標的の弁護人が捜査機
関の誤った事実認識を是正するための活動を行うことは、ひいては協力者であ
る会社の利益にもなる。したがって、標的の弁護人は、必要に応じて協力者と
なっている会社（通常は会社の弁護士を通じて接触することになろう。）と打
合せを行い、会社が捜査機関に提供した証拠について開示や説明を受けるとい
ったことも検討すべき場合がある。もちろん、会社と協働すべき場合があると
しても、標的の弁護人はあくまでも会社からは独立した立場で行動しなければ

ならないことは言うまでもない。

⑵　合意がなされた事実の把握

　古典的司法取引の場合と異なり、現代的司法取引の場合には、標的の弁護人
は、起用された当初から、会社と検察官の間で、標的にとって不利な形で協
議・合意が進められていることを把握していることが通常であろう。また、先
述したように、会社からも証拠に関する情報を入手できる場合がある等、古典
的司法取引の場合の標的弁護人と比べると、現代的司法取引の場合の標的弁護
人は、情報の入手という面では有利な立場にいることは間違いない。

⑶　公判段階

　公判段階における基本的な考え方や主要な考慮要素は、古典的司法取引の場
合と基本的に同様であるので、該当する部分（第４部第２章３⑶）を参照さ
れたい。

　ただし、現代的司法取引の場合の特徴として、協力者となった会社から、犯
行と関係する業務上の記録やデータ一式が捜査機関に提供されている関係で、
客観的な事実関係を争うことはおそらく非常に難しい場合が多いと考えられる。
協力者となった会社から提出される証拠（業務上作成された文書やデータ）は、
日常の業務の過程で作成されたものであって証拠としての信用性が高いうえ、
証拠の破棄がなされていない限り、標的が作成した毎日の電子メール等まで捜
査機関に提供されているはずであり、標的がいつ、どこで、何をしていたかと
いった客観的な事実関係は、それらの証拠から高い確度で認定できてしまう場
合が多いと思われる。

　そうすると、標的の弁護人が公判で注力すべきポイントは、客観的な事実関
係については前提とした上で、問題とされている行動がその状況で有していた
具体的な意味合いやその法的評価に絞られる場合が多くなると思われる。

第３章　現代的司法取引として用いる場合　　197

第5部
日本版司法取引の展望
——協議・合意制度はどこへ向かうか

第５部では、日本の協議・合意制度の将来的な展望について考えてみたい。

　2018年６月の制度施行後、協議・合意制度が実際に用いられた事例は２件報道されているが、いずれも報道されるや大きな反響を呼んだ。しかし、これらの事例に対する批評の多くは古典的司法取引だけを念頭に置いたものであり、現代的司法取引との関係をも見据えた批評はほとんどなされていないように見受けられる。

　第１章および第２章では、これら２つの適用案件について、本書におけるここまでの検討を踏まえて簡単ながら分析を試みる。もちろん、これらの事例については、公表・報道されている情報に限りがあり、事実関係には依然として不明な点も多い。ゆえに、ここでの分析は、個別の事案の当否を論じるものではなく、いわば各事案の内容を素材として新たな観点や切り口を提示することに主眼を置くものとなる。

　最後に第3章では、これら2つの事例を分析した結果も踏まえて、日本の協議・合意制度の今後の課題について概観する。

第1章

第1号案件

1　第1号案件の概要

　2018年7月に報道された第1号案件は、外国公務員贈賄（不正競争防止法違反）の事件であり、企業を協力者とし、その従業員を標的とする形の合意がなされたものである。第1部でもすでに触れたが、協力者となった企業によるプレスリリース等によれば、この案件は次のようなものであった。

　協力者となった企業は、発電所の建設工事等を請け負う事業を行う日本の会社であり、タイで請け負っていた火力発電所の建設工事を進めていた。ところが、2015年2月、同社の下請業者が建設現場近くの桟橋に資材を荷揚げしようとしたところ、地元港湾当局の関係者とみられる者らに桟橋を封鎖されて資材の荷揚げができなくなり、2000万バーツ（約6800万円）の支払を要求された。資材の荷揚げが遅れた場合、発電所の建設遅延が発生し、会社に多額の遅延損害金等の支払義務が生じると見込まれたことから、かかる事態を回避するために、2000万バーツを下請業者に渡した。同社は、この2000万バーツが実際に現地の公務員等に交付されたかまでは確認していないという。

　2015年3月に、社内の内部通報で上記金銭の支払に関する疑惑が発覚し、外部の法律事務所を起用して、関係者へのヒアリングや関係資料の収集等の社内調査が行われた。その結果、法令違反があると判断され、2015年6月頃、同社から東京地方検察庁（以下「東京地検」という。）にその旨の申告がなされた。当時はまだ協議・合意制度が施行されていなかったが、同社は、その後約3年間にわたり、東京地検による捜査に協力したところ、2018年6月、東京地検から協議・合意制度に基づく協議を打診され、合意に応じたという。

第1章　第1号案件　　201

この事件では、合意の当事者となった企業は不起訴となり、同社の役員と従業員（計3名）は起訴された。役員と従業員に対する公判で証拠として取り調べられた合意内容書面によれば、同社は、起訴の対象とされた3名の被告人に対する容疑に関する証拠資料の提出や、その他の従業員らの捜査・公判への協力を約束し、検察官はそれらの協力に対する見返りとして同社を起訴しない旨が記載されていたという。

2　第1号案件の概観

(1)　問題の所在

　第1号案件が報じられると、報道における識者コメント等の形で一斉に批判がなされた。批判の表現には様々なものがあるが、企業が従業員を検察官に売り渡し、企業側はお咎め無しというのは、「巨悪を摘発するために末端の刑事責任を免除するという、司法取引の理念に反する」「下位従業員の捜査協力を得て会社上層部の摘発を目指すという当初の想定と異なる運用であり、国民感情にそぐわない」といったものが代表的である。これを本書が用いる分類を用いて言い換えれば、「第1号案件は、協議・合意制度を古典的司法取引として適用したものでないので不適切である」ということに尽きる。

　しかし、本書で見てきたように、捜査協力型司法取引と呼ばれる司法取引には、古典的司法取引と現代的司法取引という2つの異なるタイプのものが含まれる（第1部）。そして、2000年頃以降、米国では現代的司法取引を企業訴追のための主たる手段として用いる運用が確立し（第2部）、同様の運用が米国以外の国にも広がっている（第3部）。日本の協議・合意制度は、こうした状況の下で施行された制度であり、古典的司法取引としても現代的司法取引としても運用し得る制度となっている（第4部）。かかる状況を踏まえると、少なくとも、「第1号案件は、協議・合意制度を古典的司法取引として適用したものでないので不適切である」と主張するのであれば、「協議・合意制度を現代的司法取引として適用することが適切でない」と考える根拠が合わせて提示されなければ意味を成さない。

現実には、現代的司法取引は米国をはじめとする複数の主要国で導入され、企業犯罪の摘発に大きな効果を挙げている。このことを考えると、第1号案件における協議・合意制度の適用が、古典的司法取引に当たるものではなくても、現代的司法取引として適切に機能しているのであれば、不適切な司法取引であるということはできないはずである。すなわち、第1号案件について真に問題とされなければならない点は、「第1号案件が、古典的司法取引として協議・合意制度を適用したものであったかどうか」という点ではなく、「第1号案件における協議・合意制度の適用が、現代的司法取引としての機能を適切に果たすものであったかどうか」という点である。

⑵　企業による自主申告・捜査協力を促すものであったか

　現代的司法取引の有する最も重要な機能は、犯罪行為をした企業による捜査当局への犯罪の自主申告と捜査協力を促すことである。

　第1号案件では、協力者となった企業が違法行為を検察庁に申告した時点ではまだ協議・合意制度が施行されておらず、企業が約3年間にわたり検察庁の捜査に協力した後、2018年6月に検察庁から協議・合意制度の適用を企業に打診するという異例の経過をたどった。このような経過は、第1号の適用案件であることに伴う特例的な扱いとしてやむを得ない面はある。しかし、第1号案件では、犯罪行為をした企業は、協議・合意制度の施行前から任意に自主申告と捜査協力をしてきたものであり、協議・合意制度の存在が自主申告と捜査協力に応じる決め手になったわけではなかったことがはっきりしている。

　もちろん、第1号案件で協議・合意制度が現代的司法取引として適用され、自主申告と捜査協力に応じた企業が免責を得られる可能性があることが広く示されたことにより、今後、自主申告と捜査協力に積極的に応じる企業が現れる可能性もないではない。しかし、そのような可能性が高いと考えるのは楽観的に過ぎるように思われる。

　第1号案件は、外国公務員贈賄の事件としては、贈賄額も比較的小さく、贈賄の動機の悪質性も比較的低い事案であった。この程度の小粒な事案であれば、企業に対し致命的な制裁が加えられる可能性は高くはなく、コンプライアンス

体制がある程度整備された企業であれば、協議・合意制度がなくても犯罪を捜査機関に自主申告してくる可能性はある（現に、第1号案件で協力者となった企業はそのように行動している）。

　しかし、協議・合意制度が現代的司法取引として適用される場合に本当に釣り上げなければならない事件は、第1号案件のような小粒な事件ではなく、第3部で紹介した英国のStandard BankやRolls-Royceの事件のような、贈賄額が大きく、動機の悪質性も高く、贈賄によって生じた悪影響も甚大な事件である。例えば、英国におけるこれらの事件に比肩するような悪質な外国公務員贈賄をしていた日本企業があるとして、その企業の法務担当者が、第1号案件の結果を見て、自社も同じように東京地検に犯罪を自主申告しようと考えるであろうか。おそらくそうは考えないであろう。

　最大の理由は、第1号案件の結果を見ても、どのような条件が揃えば企業が不起訴になるか、全く予測できないことである。第1号案件における協議・合意制度の運用は、「違反企業が自社の犯罪を自主申告し、捜査に積極的に協力すれば、そのことを終局処分の判断に際して考慮する」という検察庁からのメッセージと受け取れなくもない。しかし、第2部で米国の事情を見た際に検討したように、企業は、結果の予測可能性が確保されていない状況の下では、自社の犯罪を積極的に当局に自主申告するという選択肢を選びづらい。第1号案件の結果だけでは企業に予測可能性を与えることは困難であり、検察庁は、より具体的な運用ガイドラインを策定するなどして、企業の予測可能性を高める努力をすべきであろう。

(3)　捜査協力以外の行動は不要であったか

　現代的司法取引のもう1つの重要な役割は、合意の当事者となる企業に、不正利益の吐出しや被害者への補償、さらにはコンプライアンス体制の整備といった、問題の是正に向けた柔軟な措置を講じさせることである。

　第1号案件で協力者となった企業は、合意が成立するまでの過程で、自社の犯罪を東京地検に自主申告し、東京地検の捜査に協力し、自社のコンプライアンス体制の整備を進めたとされ、さらに合意において、標的となった役員・従

業員に対する捜査・訴追への引き続いての協力を約束している。

　しかし、報道等を見る限り、同社が贈賄によって得た不正な利益に相当する金銭を吐き出した形跡は特に窺われない。すでに本書で見てきたように、米国等で現代的司法取引を行う場合、贈賄によって企業が得た不正利益の吐出しや（被害者がいる場合は）被害者に対する補償等の形で多額の金銭的負担を企業に課すことが通常である。日本の第1号案件では、企業が不正利益の吐出し等の金銭的負担をしていないにもかかわらず、不起訴という最大級の恩典が与えられているが、かかる運用が適切であったかが問われなければならない。

　もちろん、日本の協議・合意制度は、古典的司法取引を念頭に置いて設計されているため、米国等の制度と異なり、合意において協力者に約束させることのできる事項が制限されている。したがって、不正利益の吐出し等の措置を正規の合意事項とすることはできない。しかし、検察官が合意に応じるかどうかの判断において、不正利益の吐出しや被害者への補償の実施の有無・程度を事実上考慮することは可能であるし、協議・合意制度を現代的司法取引として運用するのであれば、検察官はそうした事情をむしろ考慮すべきである。第1号案件で検察官がそのような考慮をしていたか、疑問が残る。

第1章　第1号案件　　205

第2章

第2号案件

1 第2号案件の概要

　2018年11月に報道された第2号案件は、有価証券報告書の虚偽記載（金融商品取引法違反）に関する事件である。第2号案件の事実関係については、本書執筆時点では不明な点が多いが、報道によればおおむね次のような案件であったと理解できる。

　第2号案件で標的とされたのは、日本の上場企業N社の代表取締役会長であったA氏である。A氏は、2018年11月19日、有価証券報告書虚偽記載の疑いで、同じくN社の代表取締役であったB氏とともに東京地検特捜部に逮捕された。A氏およびB氏に対する容疑は、過去数年間に渡り、A氏の役員報酬を過少に記載した有価証券報告書を提出した、というものである。詳細は不明であるが、A氏の退任後にN社が支払う役員報酬を記載対象に含めていなかったことが問題とされているようである。

　その後、A氏、B氏および法人としてのN社が、上記の有価証券報告書虚偽記載の疑いで起訴された。

　この他に、A氏は、自身の資産管理会社が運用していたデリバティブ取引契約をN社に移転させ、多額の評価損をN社に負わせたなどとして、特別背任の疑いでも逮捕・起訴された。

　報道によれば、第2号案件では、N社の執行役員2名を協力者とし、A氏を標的とする内容の合意が検察庁との間で成立していたとされる。法人としてのN社は、検察庁の捜査には協力しているものの、合意の当事者にはなっていないとされる。また、B氏が合意における標的とされていたかは不明である。

2 第2号案件の概観

(1) 問題の所在

　第2号案件が報じられると、下位の従業員の捜査協力を得て企業の上層部を摘発したものであり、当初想定されていた司法取引の運用形態に沿う理想的な運用であるといった肯定的なコメントが散見された。しかし、第1号案件に対する否定的なコメントについて検討した際に見たように、本当の問題は、協議・合意制度が古典的司法取引として運用されたか否かという点ではない。

　第2号案件に対しては、上記のように肯定的なコメントがある反面、「協議・合意制度が企業内の権力抗争に利用されたのではないか」という趣旨の批判もなされている。実際に協議・合意制度が企業内の権力抗争に利用されたかどうかは不明である。しかし、このような批判を招く形で協議・合意制度が運用されたことは否定できず、その原因についてむしろよく考えなければならない。

(2) 合意の当事者として企業ではなく個人を選択することの是非

　報道によれば、第2号案件で合意の当事者となったのは、企業（N社）ではなく、同社の執行役員であったとされる。もしこれが真実であるとすれば、なぜ第2号案件では、企業が協力者となってもおかしい事案ではないにもかかわらず、個人が協力者となったのかが重大な疑問となる。

　第1部で古典的司法取引と現代的司法取引の違いを検討した際に見たように、一般的には企業を協力者とする場合の方ほうが、個人を協力者とする場合と比べて、得られるメリットがはるかに大きい。個人を協力者とする場合、協力者が捜査機関に提供できる資料は当該個人が有する情報・資料に限られるが、企業を協力者とする場合、捜査機関は当該企業が有する情報・資料一切を潜在的には確保することができ、当該企業の従業員全員（最終的に標的とされる者は除く）の協力を得ることができる。

　また、企業の意思決定は、基本的に経済的な損得勘定でなされるのに対し、個人の意思決定は、経済的な損得勘定を度外視した様々な動機に基づいてなさ

れる。一般的には、個人を協力者とする場合の方が、関係者の巻込み等、捜査機関が意図しない副作用が生じる危険が大きくなる。

第2号案件における協議・合意制度の利用形態についてはまだ不明な点が多いが、現時点までに報道されているとおり、企業ではなく個人が協力者となっていたとすれば、そのような合意がなされた理由とその是非が問われるべきである。

⑶　合意の公正性の担保は十分か

協議・合意制度は、合意できる事項を厳しく制限する等、恣意的な運用がなされる余地をできるだけ小さくするという方向性に沿って制度設計がなされている。しかし、取引である以上、協議・合意制度も、合意当事者をはじめとする関係者の様々な思惑を実現する手段として用いられる危険と無縁ではない。この危険は、第2号案件のように個人を協力者とする場合には特に気を付けるべきものとなる。

すでに見たように、米国では、NPAについては裁判所の管轄外の領域で完結するが、答弁取引およびDPAに対しては不完全ながら裁判所の監督が及ぶ余地がある。また、2014年以降に米国にならってDPAを導入した英国をはじめとする諸国では、米国型のDPAでは不公正な取引がなされるおそれがあるとして、合意の成立に際して裁判所の承認を要求する仕組みを軒並み採用している。

ところが、英国等と並行して司法取引制度の導入を進めてきた日本は、英国等と反対に、米国の制度よりもさらに緩やかに、裁判所の監督を一切要することなく検察官の判断だけで有効な合意を結ぶことができるという仕組みを採用した。

第2号案件のように「協議・合意制度が企業内の権力抗争に利用されたのではないか」といった疑惑が生じることは、協議・合意制度が、検察官の判断だけで有効な合意を結ぶことができ、合意の有効性に関して裁判所の監督が入る余地が一切ないという、世界で他に類例を見ない仕組みを採用してしまった以上、避けることができない事態である。かかる立法の当否が問われるべきである。

第3章

協議・合意制度の今後の展望

　第1号案件及び第2号案件を概観してきた結果を踏まえ、協議・合意制度の今後の課題と考えられる点をいくつか指摘して本書を締めくくることにしたい。

⑴　DPAに近い運用は可能なのか

　協議・合意制度は、合意事項が法律で厳しく制限されているため、米国等におけるDPAと同じように用いることはできない。しかし、検察庁が最終的に合意に応じるかどうかの判断において、DPAの合意事項に含まれるような事項（例えば、コンプライアンス体制の整備に向けた取り組みや被害者への補償等）が実施されているかどうかを考慮することは可能であり、それにより事実上DPAに近い形で運用することが可能である。

　もっとも、そのような形で制度を運用する場合、公正性と予測可能性の確保が重要な課題とならざるを得ず、検察庁は具体的な運用ガイドラインを策定し、公表することが最低限必要となる。

⑵　裁判所による監督は不要なのか

　本書で見てきたように、日本の協議・合意制度は、検察官の判断だけで有効な合意を結ぶことができ、合意の有効性に関して裁判所の監督が入る余地が一切ないという、世界で他に類例を見ない仕組みを採用してしまった。しかし、すでに述べたように、取引である以上、協議・合意制度も、合意当事者をはじめとする関係者の様々な思惑を実現する手段として用いられる危険と無縁ではない。第2号案件に対し「協議・合意制度が企業内の権力抗争に利用されたのではないか」といった批判がなされていることは、上記の危険が部分的に顕在

第3章　協議・合意制度の今後の展望　　209

化したものであると言える。かかる制度設計の当否の見直しは喫緊の課題である。

⑶　合意事項の制約は厳しすぎないか

　協議・合意制度は、合意できる事項、特に協力者に約束させることのできる事項を法律で厳格に制限している。しかし、この仕組みでは、被害者への補償の実施や不正利益の吐出し等の有益な措置の実施を、拘束力のある形で協力者に約束させることができない。少なくとも、有効な合意を結ぶ際に裁判所の監督を要する仕組みとすれば、合意事項をここまで厳格に制限する必要はないはずである。

⑷　背信的な協力者への加重制裁は十分か

　協議・合意制度の下では、協力者が虚偽の証言をした場合は通常の偽証罪よりも重い刑事制裁が科されるが、供述証拠以外の証拠を破棄したり改ざんしたりしたとしても刑事制裁は特に加重されていない。この点は、特に現代的司法取引の事案における供述証拠以外の証拠（例えば電子データ等）の重要性を考えれば、ちぐはぐな仕組みであると言わざるを得ない。

210　　第5部　日本版司法取引の展望──協議・合意制度はどこへ向かうか

著者プロフィール

市川雅士（いちかわ・まさし）
弁護士。司法研修所61期修了。2008年弁護士登録（第二東京弁護士会所属）。2016年米国ニューヨーク州弁護士登録。主な業務分野は、競争法／独占禁止法やデータ保護法／個人情報保護法など。第7回季刊刑事弁護新人賞（最優秀賞）受賞。主な著作に、「経済事犯に見る米国の捜査協力型司法取引」（季刊刑事弁護95号）などがある。

土岐俊太（どき・しゅんた）
弁護士。司法研修所68期修了。2015年弁護士登録（大阪弁護士会所属）。主な業務分野は、M&A、会社訴訟、ファイナンス、不動産、刑事事件など。主な著作に、「刑事弁護レポート　薬物密輸事件の裁判員裁判の差戻審で逆転無罪を獲得した事例」（季刊刑事弁護92号）、「弁護士が精選！重要労働判例　第161回　医療法人社団E会（産科医の時間外労働）事件」（WEB労政時報）などがある。

山口祥太（やまぐち・しょうた）
弁護士。司法研修所70期修了。2017年弁護士登録（第二東京弁護士会所属）。主な業務分野は、会社法、紛争処理、危機管理、刑事事件など。特に、危機管理分野においては大型企業不祥事案件に携わる。主な著作に、「弁護士が精選！重要労働判例　第169回　コナミスポーツクラブ（支店長の管理監督者該当性）事件」（WEB労政時報）などがある。

日本版司法取引の実務と展望
米国等の事情に学ぶ捜査協力型司法取引の新潮流

2019 年 4 月 30 日　第 1 版第 1 刷発行

著　者…………市川雅士・土岐俊太・山口祥太
発行人…………成澤壽信
発行所…………株式会社現代人文社
　　　　　　　〒160-0004　東京都新宿区四谷2-10八ッ橋ビル7階
　　　　　　　振替　00130-3-52366
　　　　　　　電話　03-5379-0307（代表）
　　　　　　　FAX　03-5379-5388
　　　　　　　E-Mail　henshu@genjin.jp（代表）／hanbai@genjin.jp（販売）
　　　　　　　Web　http://www.genjin.jp
発売所…………株式会社大学図書
印刷所…………株式会社ミツワ
装　幀…………加藤英一郎

検印省略　PRINTED IN JAPAN　ISBN978-4-87798-723-7　C2032
© 2019　Ichikawa Masashi Doki Shunta & Yamaguchi Shota

本書の一部あるいは全部を無断で複写・転載・転訳載などをすること、または磁気媒
体等に入力することは、法律で認められた場合を除き、著作者および出版者の権利
の侵害となりますので、これらの行為をする場合には、あらかじめ小社また編集者
宛に承諾を求めてください。